El Azote Se Hace Apóstol

Las Gestas de
San Pablo

HÉCTOR PEREYRA SUÁREZ

WESTBOW
PRESS®
A DIVISION OF THOMAS NELSON
& ZONDERVAN

Puede hacer pedidos de libros de WestBow Press en librerías o poniéndose en contacto con:

WestBow Press
A Division of Thomas Nelson & Zondervan
1663 Liberty Drive
Bloomington, IN 47403
www.westbowpress.com
1 (866) 928-1240

ISBN: 978-1-5127-1615-3 (tapa blanda)
ISBN: 978-1-5127-1617-7 (tapa dura)
ISBN: 978-1-5127-1616-0 (libro electrónico)

Numero de la Libreria del Congreso: 2015916944

Información sobre impresión disponible en la última página.

Fecha de revisión de WestBow Press: 12/21/2015

CONTENIDO

PREFACIO

San Lucas, el médico y gran historiador que se hizo apóstol, fue fiel e inseparable compañero de San Pablo. Con él anduvo en muchos de sus largos y peligrosos viajes, y estuvo a su lado en Roma hasta el fin, cuando casi todos lo habían abandonado. Por eso pudo dejarnos una relación detallada de sus actividades.

San Lucas era sirio, muy culto, y escribía magníficamente en el griego popular que se usaba en su tiempo. Como San Pablo, no había conocido personalmente a Cristo; pero, en su Evangelio, resumió todo lo que los contemporáneos del Salvador habían visto y escrito de él: "Puesto que muchos han tratado de poner por orden las cosas que entre nosotros han sido certísimas ... me ha parecido también a mí, después de haber investigado con diligencia ... escribírtelas por orden, oh excelentísimo Teófilo".

En similares palabras, dirigidas al mismo Teófilo, continúa la historia que empezó en su Evangelio: "En el primer tratado, oh Teófilo, hablé de las cosas que Jesús comenzó a hacer y a enseñar, hasta el día en que fue recibido arriba ... ". Cuenta ahora las que hizo después mediante sus apóstoles. El autor de este poema, salvando infinitas diferencias, se propuso imitar a San Lucas. En su primer poema, LA EPOPEYA DE CRISTO, se inspiró en Emmanuel, "Dios con nosotros". Trató de presentar al Verbo que "era Dios", que "fue hecho carne, y habitó entre nosotros": el descenso de la Divinidad al nivel del ser humano como nosotros, pero perfecta. ¡Nuestro modelo divino!

En este nuevo poema se presenta a un hombre que llega a ser santo. El Saulo ambicioso, fanático y cruel que participaba hasta en la muerte de los discípulos de Cristo, se transforma en San Pablo. Es entonces modesto, bondadoso y sacrificado: el ascenso de un ser humano como nosotros, todavía con muchos defectos, hacia la divinidad. ¡Nuestro modelo humano! -- HPS

De Saulo de Tarso a San Pablo

No importóle a un filósofo de Tarso
conocido después como San Pablo
seguir tras un Maestro sin escuela
nacido en un establo,
que de niño no tuvo pedagogo
y de joven fue humilde carpintero,
a quien pocos rabinos aceptaron
y menos los del clero.

La cuna del discípulo San Pablo
fue lo opuesto a la cuna del Maestro:
en la culta metrópoli de Tarso.[1]
Allí, en idiomas diestro
bajo griegos, judíos y romanos
de la oleada helenística imperante,
fue de grandes escuelas y tutores
aplicado estudiante.

---

[1] Actualmente, ciudad de Turquía. Ya era muy antigua en los días de San Pablo. Produjo personas famosas, como el gran médico Discórides y varios filósofos; entre estos, a Atenenodoro, maestro de Augusto César.

El Joven Saulo y Esteban

Como "hebreo de hebreos",
también sobresalió en Jerusalén
"a los pies de Gamaliel",
con quien su padre lo inscribió también.
Y se hace "fariseo de fariseos"
el que de nacimiento era romano.
Luego esgrime su acción y fanatismo
contra todo cristiano.

Lucha contra este nombre:
Jesús de Nazaret, día tras día
en Israel y allende sus fronteras.
Como Judas, de quien nada sabía,
se vende al sacerdocio.
Atormenta a los santos con delirio.
Por comisión del sumosacerdote,
los entrega a la cárcel y al martirio.

Hay un discípulo de gran poder,
muy versado en la Ley y los Profetas
que tanto lee en hebreo como en griego,
de palabras agudas, cual saetas.

Es uno de aquellos siete diáconos
que socorro y aliento al pobre llevan
mientras predican que Jesús es Cristo:
el que se llama Esteban.

Ni la elocuencia ni el saber de Esteban
pueden sobrepujar los sacerdotes
ni los presumidísimos rabinos.
Lleno de fe, de gracia y grandes dotes,

más la virtud de hacer grandes prodigios,
él es irrefutable y persuasivo.
¿Cómo harán los celosos que se calle:
con qué denuncia … sin legal motivo?

Se valen de calumnias
por boca de incertísimos testigos
y aceptan el más cínico perjurio
los miembros de un Concilio de enemigos
de Cristo, sus discípulos y Esteban.
Los levitas y escribas obcecados
explotan a fanáticos y el hampa,
tapujos de "devotos" y una trampa.

Abismados, escuchan su defensa
los que ya sin juez lo han condenado.
La historia de Israel repasa entera,
mostrando como en todo ese pasado
se anunciaba al Mesías.
Les dice que ya vino, que es el Cristo,
el Salvador Jesús de quien predica:
Ya vivió entre nosotros. Se lo ha visto.

De súbito su historia se hace actual
y sus oyentes, los protagonistas:
Vosotros, como vuestros ascendientes,
sois duros de cerviz: seguís sus pistas.
Asesinaron ellos a profetas
que prenunciaron a este mismo Justo
que vosotros penasteis con la muerte.
La ley atropellasteis
con vuestro veredicto ciego e injusto.

Ya aquel Congreso no reprime el odio.
Se enardecen los ojos que no ven,
de piedra se hacen muchos corazones
y tapias los oídos son también.

Mas los ojos de Esteban ven al Cielo
con Cristo ya en el trono de su gloria.
Dice: **En Cielos abiertos, junto a Dios,
veo al Hijo del Hombre en su victoria.**

Con los miembros farsantes del Concilio,
por veraz, ya contrasta el Saulo fiero
que se tiene por héroe de una causa:
sí, él es cruel; pero también, sincero.
Son los otros, la antítesis de Esteban
a igual que los maleantes.
El futuro San Pablo
ve una imagen de Cristo en un instante.

Mas aliados de Saulo,
los de Asia, Cilicia, Alejandría,
Cirene … y los "libertos",
por celos de la gran sabiduría
y las virtudes del piadoso Esteban,
a pedradas le dan tortura horrenda;
y la ropa del mártir,
recibe el joven Saulo como prenda.

Saulo jamás olvidará la escena.
En vez de responder a los insultos,
tan sólo piensa Esteban
en el más liberal de los indultos

de Dios para sus propios victimarios,
que así pide de hinojos:
"No les tomes en cuenta este pecado";
y perdonándolos, cerró los ojos.

Saulo cree que sí se oyó a Jesús
pedir a Dios piedad por sus verdugos:
"Perdónalos: no saben lo que hacen",
estando ya clavado en una cruz.
Y en el rostro de Esteban, "como de ángel",
reflejado ve al Cristo del Calvario
muriendo allí para salvar al mundo
del cual es parte Saulo, su adversario.

Rumbo al "corazón de Siria"

Allá en Damasco,[2] "el corazón de Siria",
se reducen las muchas sinagogas
porque se hacen discípulos
hasta judíos que no van tras togas,
de entre los ricos, los de gran alcurnia
y los de baja suerte.
Tendrá que ir a amenazarlos Saulo
con la prisión y muerte.

Aunque adoran a Cristo en tierra extraña,
fue a perseguirlos Saulo con garrote,
soldados con espadas
y las cartas del sumosacerdote.
Pero a las puertas mismas de Damasco
verá el perseguidor al Perseguido
por la primera vez.
Lo que oyó en la conciencia, oye el oído:

"Saulo, Saulo, ¿por qué tú me persigues?"
Se postra el arrogante
para inquirir: **Señor, Señor, ¿quién eres?**

Y esto colma su extraño interrogante:
"Soy Jesús. Te va a herir el aguijón
que insistes en cocear".
Y tiembla y se somete el que mandaba:
¿Qué quieres que haga yo en este lugar?

¿Qué puede hacer un ciego y entullido
sin fuerza ni mas base para orgullo?

---

[2] Una de las ciudades más antiguas del mundo, hoy la capital de Siria. En los días de San Pablo, la gobernaba el rey Aretas IV de Arabia Pétrea. Allí vivían muchos judíos.

Levantarse y oir al Perseguido
que le ordena a escuchar a un siervo suyo,
discípulo en Damasco.
Se verá allí con los que son cristianos,
ya no para insistir en que blasfemen:
para adoptarlos como sus hermanos.

Los secuaces de Saulo escuchan voces
sin ver ninguna boca,
y Saulo abre los ojos sin ver nada;
por tanto, palpa y toca
mientras lo guían, débil e invidente,
para pasar tres días
confundido, sin hambre, siempre en vela,
mientras llega el discípulo Ananías.

Este sabe la casa donde para
mientras hace plegarias en silencio
nada menos que al Padre de Jesús.
Ve entonces en visión
al que le va a devolver la vista
"poniéndole las manos".
Y de los dos, no hay quien después resista
el santo impulso de llamarse hermanos.

Conversión de Saulo[3]

--¡Hermano Saulo! --¡Hermano Ananías!
Los perseguidos, sin temer secuestro,
besan y abrazan al hermano Saulo
que ahora es discípulo del Gran Maestro.
¡Qué comunión y qué fraternidad
precisamente donde
por tanto miedo a Saulo se escondían!
Ahora es Saulo quien allí se esconde.

Durante pocos días,
como hombre nuevo, ya lo invierte todo.
De hinojos ante el que antes despreciaba
inquiere de qué modo
podrá él predicarlo en sinagogas
y aumentar los discípulos judíos.
"¿No vino a perseguir a los discípulos
del que antes combatió con tantos bríos?"
--la gente, al escucharlo, preguntaba.

Su nueva vocación ve tan opuesta
a la anterior como de polo a polo.
¡Se apartará en Arabia![4]

Debe hablar y luchar con Dios allí:
como haciéndose Israel Jacob, solo;
como Moisés ante la zarza, solo;
como Jesús al ser tentado, solo.
¿Por qué dirá que no? ¿Por qué dirá que sí?

---

[3] Año 36
[4] Años 37-39.

Como en Jonás, enviado al extranjero,
¿resurgirá el judío en apogeo
que ambicionaba a presidir concilios
siendo el más ortodoxo fariseo?
¿Tratará de escaparse
por no ser mensajero a los gentiles
como Jonás al ser enviado a Nínive?
Y sus oyentes, ¿tornaránse hostiles?

Después de su visión, como Isaías,
¿verá primero trabas,
como labios y ojos despiadados
con que a los indefensos aterraba;
como manos que en sitios de suplicio
juntaban de los mártires las prendas?
¡No! Le dirá: "Envíame a mí.
Devuelvo mis talentos como ofrendas".

Tal como el Niño Jesús allá en Egipto,
se retirará Saulo allá en Arabia.
Tiene que desandar mucho camino.
Su decisión más sabia
tan solo puede madurarla el tiempo,
mucho estudio de Santas Escrituras,
fervientes oraciones…
¿Cómo ir del abismo a las alturas?

Por fin, todo está claro:
Jesús de Nazaret era el Mesías;
en la cruz, fue la Víctima Expiatoria
que anunciaban muy ciertas profecías.

Su suerte ya está echada:
siendo discípulo, será valiente
como intrépido fue siendo un azote.
Venga el reto que fuere: le hará frente.

Saulo el predicador

¿En dónde empezará?
Por más que inspire indignación y chasco,
será en las sinagogas
de ese cruce de rutas que es Damasco.
Cristo también, desde una sinagoga
de otra conversión de caravanas,
Capernaum, lanzó las Buenas Nuevas
que se oyen ya en las tierras más lejanas.

Por todos los prepósitos
del excesivo número de templos,
la visita de Saulo es bienvenida.
Nadie da como él grandes ejemplos
ni interpreta mejor las Escrituras.
Ninguno es más letrado
que este "hebreo de hebreos" fariseo,
aunque hoy dice que en un crucificado
Dios mismo se hizo carne en este mundo.

Y atónitos se quedan sus oyentes
cuando demuestra que es Jesús el Cristo.
¿No andaba él asolando a los creyentes
en el Hijo de Dios?

Muchos siguen detrás del nuevo apóstol
la senda de la cruz,
y eso ofusca a los archisinagogos.
Deslumbra siempre así una nueva luz.

Deciden darle muerte,
pues solo así se callan los profetas.
Día y noche vigilan donde para

con disimulo y tretas
urdidas en las muchas sinagogas ...
mas desde allí lo salvan sus hermanos
bajándolo colgado de unas sogas
en una calle oscura.

El que antes perseguía así se escapa
de amenazas de muerte y un enjaulo.
Cuanto más se enzañaban los judíos,
más elocuente había sido Saulo
para probar que Cristo era el Mesías.
En su nombre se había bautizado
para ser su instrumento
con este apostolado.

Saulo en Jerusalén[5]

Ya han pasado tres años
de su transformación, y sigue solo.
Como a ningún otro apóstol ha tratado,
va sin presentación ni protocolo
para verlos allá en Jerusalén.
Ni su gran elocuencia
como predicador de "este camino"
logra impedir que teman su presencia.

Su nombre solo evoca
la acción de quien fue déspota enemigo.
¿Viste de oveja y todavía es lobo?
¿Trae aún muchos cómplices consigo?
Halló puertas cerradas,
excepto las de Pedro y su familia.
De incógnito está allí por quince días
hasta que Bernabé por fin lo auxilia.

Entonces influyente, Bernabé,
quien donó su heredad, "un varón bueno"
que sabe que un pasado se supera
porque vive de "Espíritu y fe lleno",

le da el espaldarazo al que era hostil
y ahora es compañero.
Les cuenta a los apóstoles reunidos
que Saulo, cuando entraba ya en Damasco,
rindióse a Jesucristo … y es sincero.

Queda entonces con ellos,
libre para "salir y entrar" a gusto

---

[5] Año 39.

mientras predica "denodadamente"
sobre "el camino" augusto.
¿Responderán mejor los que hablan griego
como él cuyos parientes son Jasón,
Andrónico, Sosípater y Junias,
que entienden de prejuicios y calumnias?

Esos griegos, venidos de la diáspora,
disputan con ardor de religión.
Al andar exiliados o cautivos,
solo soñaban con "volver a Zion"
para vivir allí como judíos.
No quieren que hable más de "ese camino".
Si es pertinaz, lo quitarán de en medio
por manos de un espía o un asesino.

Varios años en su patria

Ya "procuran matarle"
con gran resolución y tanta audacia
que toman sus medidas los hermanos
con la mayor presteza y perspicacia.
Van con él por tres días (¿o tres noches?).
Se vuelve a Tarso desde Cesarea.
De allí irá sano y salvo en algún barco
para su patria tras mejor tarea.

¿Retorna Saulo desilusionado
o aún su voluntad tenaz se aferra
a su nuevo llamamiento?
Por esos años, ¿qué hace él en su tierra:
vivir, siendo soltero, con sus padres
y administrar muy bien sus propiedades,
o nada más le atrae ya del mundo
pues a Dios consagró sus facultades?

Aunque ha visto y verá grandes metrópolis:
Jerusalén, Damasco, y luego Roma,
por Tarso, ciudad no insignificante,
cierta elación le asoma.

Con sus escuelas, sabios y escritores,
compite con Atenas
y Alejandría, tanto en bellas letras
como en filosofía y arte helenas.

En esa ciudad libre
junto al Cidno que riega la llanura,
no muy lejos del Mar Mediterráneo,
¿le espera la ventura

al ser reconocido y floreciente
donde hay auge constante?
¿Cuál de sus dotes le dará más paga?
¿Cómo sabrán en Tarso que es brillante?

La iglesia de Cilicia
la funda él sin ser remunerado.
¿No es esto lo que dijo:
Ni oro o plata de nadie he codiciado;
por menesteres para mí y los míos,
estas dos manos siempre me han servido?

Mas, ¿qué oficio, negocio o profesión
paga pan, techo, viajes y vestido?

En esa populosa capital,
por muchos años sin volverse a ver,
lo encuentra Bernabé.
¿Dónde estaba y cuál era su quehacer?
Lo invita a irse con él para Antioquía,[6]
la tercera ciudad del gran Imperio
(como Tarso, opulenta, bella y culta)
para ejercer los dos el ministerio.

---

[6] Año 44. Esta Antioquía (de Siria), "la Reina del Oriente", tenía cientos de miles
de habitantes (algunos dicen 800.000). Solo la sobrepujaban Roma y Alejandría. Fue
el centro de las actividades misioneras de San Pablo.

De a dos en dos con Bernabé

Le gusta vivir Saulo en grandes urbes
y le atraen empresas trascendentes.
Acepta el llamamiento
como de Dios: va a confirmar creyentes.
Prosperan esos dos en sus labores
ya no como legos,
pues Saulo y Bernabé se hacen pastores
mayormente de griegos.

Ya forman "multitud"
los discípulos nuevos de Antioquía
traídos al redil por Bernabé.
Los judíos allí son minoría,
pues abundan los griegos y extranjeros.
¿Quién tiene como Saulo idoneidad
para hablar a los griegos en su idioma
con fervor, elocuencia y claridad?

Fue la primera iglesia de gentiles
aquella a las orillas del Orontes;
y por primera vez fue allí también,
en las faldas del Líbano y sus montes,

donde este nuevo nombre de cristianos
designó a los discípulos de Cristo:
judíos, griegos, bárbaros, romanos.
Se llena el templo de un concurso mixto.

La misma indumentaria
de los grupos crecientes, más que dobles,
representan las clases y culturas:
maestros, y profetas, y hasta nobles

como un deudo de Herodes el Tetrarca,
con togas muy costosas de romanos,
o el quitón griego largo, con sandalias,
o túnicas abiertas de artesanos.

En Roma reina Claudio,
vacilante sobrino de Tiberio,
quien no puede acabar la gran hambruna
que devasta provincias de su Imperio
desde Roma hasta Judea.
Frente a tanta escasez, muestra largueza
"cada uno" en la iglesia de Antioquía,
con fondos y el pan mismo de su mesa.

Con eso dan a Cristo,
pues "tuve hambre y me disteis de comer
o me aplacasteis con amor la sed",
dijo Jesús de cuanto se da a otros.
Reconoce él los actos de merced
de un ser humano a los demás
como si a él fuera otorgado el don.
Muy grande es el socorro que así allegan
vaciando cada bolsa y corazón.

Lo darán en Judea.
Resuelve aquella junta directiva
que no administra con dinero solo:
con oración, ayuno y fe muy viva,
mandar todo con Saulo y Bernabé
a los "ancianos" de Jerusalén.
Parten presto los dos con dádivas de amor
para el que hambree, sin nombrar a quien.

Ven amor, no piedad, los que reciben;
y quieren más aún a los que dan,
y su fraternidad,
que el vil metal y el nutritivo pan.

Nadie calcula beneficio al dar …
ni aun correspondencia.
Se ligan los de Siria y de Judea
por fe común en tierna Providencia.

Retornan con Juan Marcos,
el hijo de María en cuyo hogar
quizá fundó el Señor la Santa Cena,
y donde se sentaron a esperar
al Espíritu Santo los creyentes.
¿Era el joven que, sin pensar en sí,
siguió a Jesús, desertado por todos
en el Getsemaní?

Lo invita su buen tío Bernabé,
que es hábil en buscar con gran esmero
quien tenga vocación.
Llega a tiempo al gran centro misionero.
Lo toman de ayudante
su tío y Saulo para un viaje largo
desde Seleucia a Salamina, en Chipre.[7]
¡Qué honor le da ese cargo!

---

[7] Isla del Mar Mediterráneo, cuyo nombre significa "cobre" porque era la fuente
principal de ese metal para el mundo antiguo. Cuando San Pablo inció allí su primer
viaje misionero (año 45), era provincia senatoral romana.

Primer paso a todo el mundo[8]

De Antioquía a Seleucia,
navegando quizá por el Orontes
o cabalgando bestias
y admirando las rocas y los montes,
se van los zapadores misioneros
al puerto, rumbo a Chipre, que es romana.
Después, desde esa isla, a todo el mundo
tras naciones gentiles y paganas.

Va así Saulo a la patria del amigo
que lo halló en la suya, Tarso, hace dos años.
De Salamina, Chipre, es Bernabé.
Todo en su isla es de menor tamaño,
pero son importantes dos ciudades:
gran centro de comercio es Salamina,
y Pafos es la sede del procónsul.
Ambas oirán ahora la doctrina.

Primero, Salamina
donde viven muchísimos judíos
y los parientes de Bernabé y Marcos.

¿Irán estos también con el gentío
para oir a los tres predicadores?
En cada sinagoga alzan la voz
con una convicción que da elocuencia
para "anunciar la Palabra de Dios".

En Chipre ya hay cristianos
que de este mismo Saulo habían huido.
Mas él es quien les va a explicar ahora

---

[8] Años 45-47

por qué tiene sentido
que Cristo pereciera en el Calvario
y justo al tercer día reviviera;
que a él prefiguraban muchos ritos
en el templo, y el mismo sacerdocio.
Todo era símbolo de él: sus tipos.

Después viajan a Pafos,
la capital de Chipre, al occidente,
porque los llama allá el gobernador,
Sergio Paulo, que es "varón prudente".

Lo confunde al llamarse Barjesús
cierto Elimas que dice ser profeta,
mas con tal ira lo reprende Saulo
que el procónsul se asombra, y lo respeta.

Tienen mucho en común.
Ciudadanos romanos son los dos;
aunque cultos, también quieren "oír
la palabra de Dios".
Y son tocayos: él también es Pablo;
y ese nombre romano,
desde entonces prefiere entre gentiles …
quizá en honor hacia ese nuevo hermano.

La Iglesia Universal

Sigamos con San Pablo,
con Marcos y su tío Bernabé,
pioneros de la iglesia universal.
Ya no hay linde que encierre más la fe
con que se asciende a Dios
ni en torno de Israel ni de Judá.
De todas las naciones y las razas
también es Padre y Creador Jehová.

De nuevo en alta mar para Panfilia.
Se bajan en el puerto de Atalía
desde donde hay un río navegable
que va a Perge,[9] ciudad de paganía.
Tiene un templo a una diosa[10]
más un teatro con trece mil asientos.
En esa capital,
le invaden a Juan Marcos desalientos.

¿Es imperioso por demás San Pablo?
¿No le gusta el ambiente de Panfilia?
Le embarga tal nostalgia que retorna
para Jerusalén, a su familia.

Se van los otros dos también de Perge
para el norte, a Antioquía de Pisidia,[11]
por un camino pedregoso y largo
con peligro y rigor que nadie envidia.

---

[9] Ciudad importante, capital religiosa de Panfilia.
[10] Leto, diosa de la fertilidad, como la Artemisa griega o la Diana de Efeso y de Roma.
[11] Pertenecía entonces a la provincia romana de Pisidia; era asiento de procónsul. No hay que confundirla con Antioquía de Siria, que era una gran metrópoli

¿Tienen caballos, asnos o algún carro?
¿Viajan a pie cargando su equipaje?
Cansados, en la sinagoga sólo
se sientan a escuchar algún mensaje,
mas vienen a invitarlos:
"¿Queréis, hermanos, exhortar al pueblo?"
¡Claro que sí! Se pone de pie Pablo:

Todos los que teméis a Dios oíd:
El Dios de vuestro pueblo, de Israel,
lo libró con su brazo levantado
cuando eran vuestros padres extranjeros
viviendo en triste estado
como especies de esclavos en Egipto;
lo sostuvo después en el desierto
y le dio siete victorias en sus luchas …
hasta entregarle un patrimonio cierto.

Por cuatrocientos años,
le dio grandes caudillos en la lid,
llamados jueces. Luego al rey Saúl.
Después le dio a David
de cuya descendencia, en su momento,
Dios levantó a Jesús el Salvador.
Con su bautismo de arrepentimiento,
lo anunció Juan, su gran predecesor.

Hermanos del linaje de Abrahan
y todos los demás que amáis a Dios,
para vosotros es su salvación.
Todos los gobernantes
y el pueblo que de ellos iba en pos

no prestaron oído a las lecturas
de los profetas en los días santos,
pues sus palabras les sonaban duras.

Bastantes profecías
iluminaban con radiante luz
la vida, obra y muerte del Mesías.

Todo eso se ha cumplido ya en Jesús:
sin causa alguna, su crucifixión
y muchos pormenores en cadena
hasta que lo sacaron del madero
para enterrarlo en una tumba ajena.

Mas Dios lo levantó de entre los muertos
y él se presentó por varios días
a muchos individuos
que confirman aquellas profecías
y son testigos fieles para el pueblo.
Por medio de él, hermanos, se os anuncia
perdón de los pecados
que por su gracia cada cual renuncia.

Y por lo que no sois justificados
por la ley de Moisés,
justificados sois en él por fe.
Evitad que se cumpla esto en vosotros:
"¡Oh menospreciadores ... pereced ...
Mirad a las naciones ... y asombraos
porque haré una gran obra en vuestros días
que aun si se os contare no creeréis".

Se sienten aludidos los gentiles
y suplican a Pablo que regrese
para enseñarles más.
¡Que gran revelamiento ha sido ese
de que el Reino de Dios es para todos:
que no es por nacimiento que uno es fiel,
ni por la lengua que ha aprendido en casa,
ni el color del cabello o de la piel!

También se regocijan los prosélitos,
judíos convertidos, aunque en boga
se ha puesto conceptuarlos como secta
en su propia sinagoga.
Siguen estos a Pablo y Bernabé
que dan enhorabuena a su piedad
y los mueven a ser comprometidos
testigos de su fe y de la verdad.

La semana siguiente,
contrario a su costumbre,
viene a oir casi toda la ciudad.
Provoca celos esa muchedumbre
entre ciertos judíos ortodoxos.

Tildan estos a Pablo y su enseñanza
de amplísima acogida a los gentiles,
como una apostasía y falsa alianza.

Les replica el denuedo
de Pablo y Bernabé: **Correspondía
daros primero nuestras Buenas Nuevas;
mas ya que rechazáis en este día**

la palabra de Dios
e indignos os hacéis de vida eterna,
nos volvemos ahora a los gentiles
que Dios no considera grey externa.

Dos veces Isaías cita a Dios:
"Yo te pondré por luz de las naciones …
que seas mi salvación
aun hasta lo postrero de la tierra".

Derraman alabanzas los gentiles
que con sus propios ojos ven cumplida
por fin esa misión
a su favor con esta bienvenida.

Se difunden en la gran provincia
las promesas de Dios, maravillosas.
Implican los fanáticos a damas
distinguidas por ricas y piadosas
y a quienes consideran principales
para expulsar a Pablo y Bernabé
por fin de la ciudad. Y ellos se van
sacudiéndose el polvo de los pies.

Mas los discípulos que allí se quedan
con muchas nuevas luces y adelanto,
se llenan más y más de mayor gozo
y del Espíritu Santo.
Eso a los dos solo incita a hacer
aun más universales los rediles,
donde gocen, sin trabas de judíos,
de la bondad de Dios muchos gentiles.

En la vía real
que enlaza grandes urbes del Imperio
se halla Iconio,[12] que puede ser un núcleo
desde donde se irradie un ministerio
que ignora prevenciones y fronteras.

Es tan complimentada y opulenta,
con tanta población cosmopolita
que a la esperanza de proezas tienta.

Moran allí, por eso, mucho tiempo
los apóstoles Pablo y Bernabé.
El Señor, con señales y prodigios,
confirma nueva fe
de extranjeros, prosélitos y griegos
que dan de su piedad buen testimonio.
Constantemente crece, crece, y crece
esa iglesia ecuménica de Iconio.

En dos bandos se parte la ciudad:
los que van tras judíos muy hostiles
y quienes se han aliado a los apóstoles.
Luego aquellos enlistan a gentiles
y a cohechados gestores del gobierno.

Los dos predicadores
se enteran de que traman apedrearlos,
pero es tardío ese funesto plan:
ya existe allí una iglesia con pastores.

---

[12] Ex capital de la provincia de Licaonia, incorporada después a la provincia romana de Galacia.

Se dirigen al sur,
a un centro urbano, Listra[13], que es romano,
la colonia que Roma
pobló con sus soldados veteranos.
Al llegar, los conmueve allí un lisiado
muy lleno de una fe tan exaltada
que le ordena San Pablo que camine
y él salta como sin sufrir de nada.

"¡Son dioses descendidos a la tierra!
El más alto, de aspecto venerable,
Bernabé, ése es Júpiter";
y lo adoran y le piden que les hable.
"Protector de romanos, y de buenos,
el jefe de los dioses
que da lluvias, granizos y trüenos:
el dios de juicio, voluntad … y goces".

"El más elocuente,
muy lleno de energía intelectual
que es mensajero de los otros dioses,
ése es Mercurio, un numen sin igual".

Y un sacerdote con sombrero blanco
desciende de imponentes edificios
con mucha gente, toros y guirnaldas.
Va a adorarlos allí con sacrificios.

Y rompiendo sus túnicas,
se mezclan con la turba como iguales

---

[13] Ciudad pequeña de Licaonia, perteneciente a la provincia de Galacia, donde Augusto César había fundado una colonia militar

San Pablo y Bernabé,
diciendo: "Somos hombres, dos mortales
como todos vosotros. Predicamos
que de estas vanidades os tornéis
al Dios que hizo los cielos y la tierra,
la mar y todo lo que en ellos veis".

Los viran del revés unos judíos
de Iconio y de Antioquía
que exacerban el chasco del gentío.
Acaban apedreando, al fin del día,
a Pablo, su "Mercurio".
Lo dan por muerto y lo abandonan fuera
por orden del gobierno que administra;
mas entra con solícitos discípulos,
ya vuelto en sí, para dormir en Listra.

No más de capitales por un tiempo.
Tan pronto sale el sol,
caminan todo un día rumbo al este
para un pueblo sin rol
ni en política ni en la religión,
allí en Galacia, que se llama Derbe.[14]
Y a los muchos discípulos que hacen
ruegan al irse que el Señor preserve.

Antes de retirarse de Galacia,
confirman a los fieles en la fe
para hacer más estables las iglesias.
Retornan, pues, San Pablo y Bernabé
desde Derbe. De nuevo van a Listra;

---

[14] Como a 95 kilómetros al sur de Listra.

revisitan a Iconio, al descubierto;
después, a la Antioquía de Pisidia;
descienden luego a Perge, junto al puerto.

La primera Antioquía[15] es su destino.
Van a informar allí a los hermanos
que los comisionaron.

Les contarán que hay miles de cristianos
que disfrutan de gran fraternidad,
sin acepción, judíos y gentiles.
En iglesias muy amplias son iguales
sin rangos de señores ni serviles.

Ya saben todos ellos
que el sendero del Reino está sembrado[16]
con las simientes de tribulaciones
que el enemigo siembra a ambos costados
para que sea estrecho.
Quedan bien constituidos los ancianos,
con oración y ayuno encomendados
a Omnipotentes Manos.

La comisión a Chipre y a Galacia
quedó muy bien cumplida.[17]
Maravillas obró el Señor con ellos
desde aquella emotiva despedida

---

[15] Antioquía de Siria
[16] 2 Tesalonicenses 1:4
[17] El primer viaje misionero de San Pablo.

para lanzarlos como misioneros.
Sirven allí por otra temporada,[18]
rogando que a su prédica a gentiles
su beneplácito el Señor añada.

---

[18] Dos años (48 y 49).

El Concilio de Jerusalén[19]

Ciertos medio cristianos fariseos
que a Pablo consideran liberal,
comienzan a impugnar su concepción
de iglesia universal.
Desde Jerusalén, a judaizar
van a nuevos creyentes de Galacia.
Les predican de leyes que guardar
y nada de la fe ni de la gracia.

Nadie puede ser salvo
(dicen otros venidos de Judea)
sin el rito de la circuncisión
por más justo que sea.
Aunque habían tenido ya con Pablo
debates y disputas
en tono de contienda, esas doctrinas
permanecen aún irresolutas.

Se encarga otra misión a la pareja
de Pablo y Bernabé:
que con otros discípulos del norte
consulten con guardianes de la fe

sobre tan explosiva controversia
allá en Jerusalén.
Antes, pasan por centros no judíos
donde abundan discípulos también.

Entre los expaganos de Fenicia
y entre la raza mixta de Samaria,
se alegran los que ahora son cristianos

---

[19] Año 50.

porque no hay casta espúrea ni contraria,
ni tampoco linaje superior.
¡Qué alegría les dan estos viajeros
al contarles de como se convierten,
por millares, gentiles y extranjeros!

Allá en Jerusalén, ¡qué bienllegada
les dan todos los jefes de la iglesia!
Mas hay gran frialdad de judaizantes;
entre estos, no se aprecia
el desvanecimiento de fronteras,
ni la liberación de lo que no es
nueva dispensación del Evangelio.
Solo citan las leyes de Moisés.

Cuando todo se hubo ventilado
con los contras y pros,
habla Pedro, el mayor de los apóstoles:
Varones, ya sabéis que nuestro Dios
por mi boca hizo ya que los gentiles
recibieran la luz del Evangelio
y el Espíritu Santo.[20]
Tal como nuestros, son también de ellos.

Dios, quien conoce el corazón humano,
les ha dado lo mismo que a nosotros.
¿Por qué ponéis un yugo en la cerviz
de todos esos otros
que ni nuestros abuelos han llevado?

Somos salvos tan solo por la gracia

---

[20] Conversión del centurión romano Cornelio, de Cesarea (Hechos 10: 1-48).

de igual modo que ellos.
Nada más tiene ya tal eficacia.
Aceptan con total conformidad
estos informes de los dos pioneros.

Novísimo concepto de igualdad
reciben los presentes:
el foco es hoy la cruz, ya no el santuario;
los llamados no son de un solo pueblo,
sino de todas las gentes.
Listos, van a escuchar de las señales
que obra Dios por naciones diferentes.

Después de estas noticias estupendas,
Jacobo, el otro jefe del Concilio,
presenta su argumento
con lógica, elocuencia y mucho brillo:
De como Dios visita a los gentiles
os ha contado Simón Pedro ahora.
Cúmplense aquí prenuncios de profetas
en esta misma hora:

"Reedificaré el templo que está en ruinas
para que hallen a Dios todos los hombres,
inclusive gentiles,
dondequiera que se invoque mi nombre".

Juzgo, por tanto, que no se perturbe
debido a estas cuestiones a gentiles
que al Señor se convierten
en tantos pueblos y por tantos miles.

Solo propongo que se les escriba
que se aparten del todo de los ídolos
y de fornicación
para estar puros ante el Dios Altísimo.
Nuestro mismo Moisés,
desde tiempos que ya no están en boga,
tenía siempre quien lo predicara
dondequiera que hubiese sinagoga.

Parecióle muy bien a aquel Concilio
de apóstoles, ancianos y la iglesia
mandar hasta Antioquía una embajada
de gente esclarecida que se aprecia
por los lugares donde anduvo Pablo.
Con él y Bernabé van dos varones
justos, Silas y Judas Barsabás,
a explicar al Concilio y sus razones.

Por escrito les llevan este Acuerdo:
"A los hermanos de entre los gentiles
de Antioquía de Siria y de Cilicia:
Sabemos que unas prédicas sutiles
por gente a quien jamás comisionamos
os perturban en todos los distritos
con sus cargas y leyes:
circuncisión e innecesarios ritos.

En armonía con el Santo Espíritu,
determinamos pocas providencias,
no imponer carga alguna excepto estas:
Purificad el cuerpo y la conciencia;
no uséis nada inmolado a ningún ídolo.

Desde Jerusalén,
nadie os impone más si esto guardáis.
Salud, hermanos, y pasadlo bien".

Qué gran consolación y regocijo
para la liberal feligresía
que expidió a zapadores misioneros
desde allí, de Antioquía!

Judas y Silas, además profetas,
les vivifican su fervor por Cristo,
les cuentan del poder de sus palabras
y milagros que han visto.

En esa esplendorosa capital
del Imperio Romano en toda el Asia,
gran centro de comercio,
la magnífica por antonomasia,
se establecen los líderes gentiles:
Bernabé, Pablo, Silas, y otros legos
que predican allí a medio millón
tanto en hebreo como armenio y griego.

Confirmación de las iglesias

Ya es mucha estancia para el gran viajero:
Bernabé, visitemos las ciudades
donde hemos anunciado el Evangelio.
Ya me invaden saudades
por los hermanos de Galacia y Chipre.
Veamos como están
después de la herejía judaizante.

Los caminos le atraen como imán;
y a Bernabé, siendo un isleño, el mar.
Se irán parte por tierra y parte en barcos;
pero en sus travesías y sus marchas,
insiste Bernabé en llevar a Marcos,
quien, más que al llamamiento misionero,
respondió a las nostalgias de familia,
tan inmaduro aún,
al renunciar al viaje allá en Panfilia.

No acepta Pablo nada solo a medias.
El compromiso debe ser total,
del todo por el todo.

No es Marcos su discípulo ideal;
se opone a que lo lleven.
Y es tal la contención, tanto el disgusto,
que se tildan tal vez el uno al otro
de irrazonable e injusto.

Bernabé, yendo a Chipre, lleva a Marcos.
La familia de ambos es chipriota;
desde allí, Bernabé partió a Judea:
además de pastor, es compatriota.

Para tocar en este viaje a Europa,
Pablo se une a otro romano, Silas,
que es prudente y profeta
con experiencia. El jamás vacila.

Confirman las iglesias que hay en Siria;
pasan luego a Cilicia y Licaonia;
visitan otra vez a Derbe y Listra.
En esta excolonia
poblada con romanos en retiro,
moraba a la sazón una judía
convertida, casada con un griego.

Su hijo, Timoteo, joven todavía,
tiene reputación tan excelente
entre hermanos de Listra y aun de Iconio,
que Pablo quiere hacerlo misionero
por su buen testimonio.
Van los tres dando copias del Acuerdo
de aquel primer Concilio de cristianos,
mientras confirman las iglesias nuevas
con su feligresía y sus ancianos.

El Evangelio en Europa

No es designio de Dios un plan de Pablo:
su personal deseo,
de ir a Asia y Bitinia.
Debe ir a Troas,[21] en el Mar Egeo,
muy cerca ya de Europa.
Manda Dios que se pase al Occidente
donde está Roma y donde se halla Grecia,
con mayor porvenir y mucha gente.

---

[21] Ciudad fundada cerca de donde había estado Troya, mencionada por Homero en la Ilíada. Actualmente tiene ruinas de importantes edificios construidos allí por emperadores romanos.

En Macedonia

En dos días, descienden a Neápolis.[22]
A Europa así penetra esa mañana
la semilia feraz de nuestra era,
llamada civilización cristiana.
De allí, van a la histórica Filipos
por la bien empedrada Via Egnacia.
Pisan suelo de un nuevo continente,
con otra nueva fe, en la democracia.

Mientras conversan, casi siempre en griego,
exploran la ciudad por varios días
sin decidir donde empezar su obra.
Ven un sábado allí a damas judías
que a la oración van solas junto a un río,
pues los santuarios son de extraño tipo
para ritos sensuales,
y no hay sinagogas en Filipos.

Convierte Pablo aquella orilla en templo.
Sentado, entre Timoteo y Silas,
predica el Evangelio a las mujeres
que usan troncos y piedras como sillas.

Está entre ellas la que vende púrpura
que ha hecho famosa a su ciudad, Tiatira,
también de Asia Menor de donde es Pablo.
Adora ella al Señor, y allí se inspira.

Más tarde Lidia y su familia entera
se bautizan, tal vez en aquel río.
Brindan entonces de su casa grande

---

[22] Puerto y pueblo de Macedonia, a 16 km de su capital, Filipos.

todo un segmento que está aún vacío,
a los evangelistas.
Desde entonces, el río y esa casa
sirven de sinagogas o de templos
mientras la peña sea aún escasa.

Esta es tierra de mitos y de magia,
de sortilegios y de truhanería.
No faltan los que explotan las creencias
y la superstición, con su falsía.
Los sigue una muchacha decidora
que revela secretos y que augura
por dinero, riquezas y ventura
gritando tras los tres a toda hora.

Es esclava, y la explotan unos amos
atribuyéndole divinos dones
recibidos de espíritus del aire.
Y allí donde se importan religiones,
de mil divinidades al acervo
ella quiere añadir la de estos tres.
Vocea: "Del Altísimo son siervos
estos hombres que anuncian salvación".

La esclava está posesa del demonio,
y esto irrita al apóstol muy humano,
quien en nombre de Cristo lo echa afuera.
Los amos, sin saber que son romanos,
denuncian a los tres de esta manera:
"Alborotan aquí aquestos judíos
con costumbres ilícitas en Roma,
que son, para romanos, desafíos,

y provincia romana es Macedonia".

Los magistrados rómpenles la ropa,
los condenan a azotes y a la cárcel
en el peor calabozo, sobre estopa
y los pies en el cepo.

Cantan en trío desde allí en la noche
ciertos himnos que mueven a los presos
que escuchan sin reproche.

Sobreviene de pronto un terremoto
que abre portones al romper cadenas.
Pensando que los presos se han fugado,
recuerda el carcelero sus condenas
e intenta suicidarse.
Mas lo detiene Pablo: **No lo hagas
que estamos todos todavía aquí** …
y arrodillado, el carcelero indaga:

"Señores, ¿qué haré yo para ser salvo?
**Para ser salvo tú y toda tu casa,
cree en el Señor y Salvador Jesús.**

Y agradecido, el guarda los abraza,
los conduce a su hogar, y allí les cura
las heridas del látigo y del cepo,
les tiende mesa con feliz largura,
regocijado de creer en Dios.

Contraorden recibe el carcelero:
poner en libertad a aquellos presos.

La dan los recelosos magistrados;
que no se piense más en sus excesos.
Pero quien los recuerda bien es Pablo:
Después de azotes públicos sin juicio
y encerrar en la cárcel a romanos,
¿nos sacan a escondidas, sin oficio?

No, alguaciles, así no nos iremos.
Los magistrados de pesadas manos,
que vengan ellos mismos a sacarnos.
Temor les da saber que son romanos,
y retornan a darles libertad.
Ya en la casa de Lidia, allí en Filipos,
consuelan a los neófitos cristianos,
de quienes se despiden, y se van.

Por la vía de Roma hasta Bizancio,
siempre en la patria de Alejandro Magno,
sin desaliento alguno ni cansancio,
por Anfípolis[23] pasan y Apolonia[24]

Van a la capital, que es Tesalónica,[25]
base romana de sus militares.
También será la base para ellos,
con sinagoga laica, sin altares.

---

[23] Importante centro comercial de Macedonia,capital de una de las cuatro repúblicas (protectorados) en que los romanos dividieron el país.

[24] A más de 40 kilómetros al oeste de Anfípolis.

[25] La ciudad más importante de Macedonia: gran centro comercial, como asimismo base militar y naval del Imperio Romano. Durante ese período, cuando San Pablo la visitó, se la consideraba la principal ciudad de Grecia.

Explican lo esencial del Evangelio
por tres tres días de reposo solamente
mas las pocas semanas que hay en medio.
Lo que más impresiona a cada mente
es que Cristo debía padecer,
después resucitar de entre los muertos
para ascender desde lo más profundo
y retornar como Señor del mundo.

También queda muy claro
que Jesús es el Cristo: es el Mesías.
Se convierten los griegos más piadosos
y muchas damas griegas y judías.
Eso enfurece a muchos ortodoxos
que incitan a una turba inocupada
para agitar a la ciudad entera
con cargos falsos sin saber de nada.

Y aunque a Roma la tildan de opresora
por vencerlos y hacerlos su colonia,
llaman a César como rey
los judíos de Asia y Macedonia.
Protestan porque estos extranjeros
anuncian a un Señor sin paragón
que rige sobre un reino universal.
Fomentan, pues, una revolución.

Asaltan el hogar de un tal Jasón,
donde están Pablo, Timoteo y Silas.
Tan solo hallan allí al anfitrión
que acusan ante las autoridades
de alojar a individuos peligrosos.

Pero es la fianza de Jasón y amigos
la garantía que a los tres endosa;
de su inocencia son también testigos.

De nuevo los neófitos los salvan,
sacándolos de noche
para un viaje que acaba justo al alba.

Los dejan en Berea,[26]
donde también hay sinagoga abierta.
Lo primero que hacen es buscarla
para seguir su prédica incansable.
Pronto, a una muchedumbre, Pablo parla.

Y los de Tesalónica se enteran
que los bereanos diariamente leen
Sagradas Escrituras
para indagar en ellas si está bien
cambiar de religión.
Por eso van allí con fobias ciegas;
mas ya no pocos hombres son discípulos,
y muchas distinguidas damas griegas.

---

[26] a 80 kms. de Tesalónica y a 45 de la costa.

Por fin, en Atenas[27]

Allí también ya tiene a sus hermanos
San Pablo, que lo llevan junto al mar.
Hasta viajan con él. Van hasta a Atenas.
Ya Timoteo y Silas, sin tardar,
se van a unir con él de nuevo en Grecia.
En la urbe mas culta de la tierra,
¡cuántos templos y altares! ¡Cuántos dioses!
Atenas, ¡cuánto sabe y cuánto yerra!

Cada día se juntan en la plaza
los epicúreos, cuyo bien es gusto;
y los estoicos, que a virtud incitan,
a disputar al "palabrero" adusto.
Con los judíos, en su sinagoga,
va también diariamente a discutir
sobre Jesús y la resurrección,
sobre el presente y sobre el porvenir.

Los cultos atenienses
no toman a San Pablo por deidad;
admiran su saber y su elocuencia,
su lógica, su aplomo y claridad.

Tendrá que responder en el Areópago
frente a los ex arcontes aristócratas,
miembros de las castas superiores.
¿Ataca él a los dioses como Sócrates?

---

[27] Una de las ciudades más famosas de la antigüedad por su belleza y su cultura. Cuando San Pablo la visitó, ya tenía, según algunos, más de 15 siglos. Todavía existe, con más de dos millones de habitantes. Es la capital de Grecia.

--Se oyó de esa enseñana tan extraña
que difundes. ¿Qué es? ¿Qué significa?
--De igual a igual y desde el mismo plano,
puesto de pie, da su respuesta, rica
no sólo en novedad; también en tacto:
Atenienses, noté cuan religiosos
sois al ver y admirar vuestros santuarios
llenos de obras de artífices virtuosos.

También hallé un altar
que dedicáis AL DIOS DESCONOCIDO.
Pues a ese, al que honráis sin conocer,
que preserváis así contra el olvido,
me toca hoy el honor de presentaros.
Es el Dios que ha creado nuestro mundo
con todas sus bellezas y portentos,
el Señor de la alto y lo profundo.

Siendo el Amo del Cielo y de la Tierra,
no habita en un altar ni en un santuario.
No necesita que le hagamos nada.
La vida, y el aliento, y el sol diario
son frutos de su sabia creación.
También es obra suya --y uno solo--
nuestro linaje humano, todo igual,
con idéntica sangre y duración.

Como vuestros poetas ya lo han dicho,
por El somos, vivimos, nos movemos.
No es semejante al oro, ni a la plata ...
ni a piedras, ni a escultura, el Ser Supremo.

Cuando y donde fue un Dios desconocido,
pasó por alto --es justo-- la ignorancia;
mas hoy ordena a los humanos todos
en los lugares de cualquier distancia
que se arrepientan de sus malas obras.
Dios va a juzgar un día a nuestro mundo
por el Varón que alzó de entre los muertos,
Jesús, un ser divino sin segundo.

La erudición y la prosperidad
de Atenas rompen ya frenos morales
en la vida política y sexual.
Ni los héroes locales,
ni exóticas deidades importadas
paran ya el muy ramplón materialismo.
¿Por qué escuchar a Pablo hablar de muerte,
de la resurrección … de cristianismo?
Con sarcástica sorna y altivez,
los ilustres oyentes se dispensan:

"Te oiremos de estas cosas otra vez".
¿Para qué oir de juicio y recompensas?
Pero a un rico aristócrata influyene,
que es miembro del Areópago, Dionisio,
y a Dámaris, que es dama distinguida,
se suman, cual primicias, más creyentes.

Deja el arte, los templos, las escuelas
que en el Imperio hacen brillar a Atenas,
la renombrada capital de Grecia.

Tampoco le interesan las escenas
de tragedias y sátiras en teatros,
ni juegos públicos con sus atletas.
Para ídolos solo vive Atenas;
no tiene tiempo para oir profetas.

En Corinto[28]

Se va a Corinto, populosa y rica,
con una vía y dos puertos de mar,
cosmopolita, pero muy corrupta:
depravación es "corintianizar".
De los muchos judíos esparcidos,
de Italia allí se van a establecer
dos que ya son prosélitos:
Aquila y Priscila, su mujer.

Su oficio es el de hacer carpas de lona,
que Pablo practicó en su juventud,
pues el experto uso de las manos
se enseña a los judíos que es virtud.
Los tres trabajan juntos
mientras Pablo, en los días de reposo,
disputa en la inmensa sinagoga
con griegos y judíos muchos puntos.

Cuando llegan por fin de Macedonia
sus dos colegas, Timoteo y Silas,
sigue aún predicando a los judíos
en jornadas muy largas e intranquilas.

Pero los cíclicos disturbios siguen,
y Pablo, sacudiéndose la ropa:
**Sobre vosotros, vuestra propia sangre;
me iré a los gentiles desde ahora**.

---

[28] Esta ciudad de Grecia había sido destruida por los romanos en 146 A.C. Quedó
en ruinas por un siglo hasta que en 44 A.C. la reconstruyó Julio César. Cuando San
Pablo la visitó (año 51) la nueva Corinto era una ciudad joven, de 100 años. Debido
a sus dos buenos puertos, recibía muchos barcos de otros países, y se convirtió en
un gran centro de corrupción.

Al lado mismo de la sinagoga
vive un siervo de Dios llamado Justo,
quien le brinda su casa.
Para consuelo, inspiración y gusto
de Pablo, también Crispo, el sinagogo
principal, se convierte con los suyos;
y eso mueve a muchísimos corintios
que lo imitan con fe y piadoso orgullo.

Para hostiles ciudades hay dos guías:
dejarlas e ir a otras.
Las quiere aplicar Pablo ya en Corinto,
mas le revela Dios que allí es distinto:
"No temas, sino habla,
porque yo tengo aquí bastante pueblo.
No te harán mal alguno".
Se queda, pues, allí por año y medio.

Cartas a los Tesalonicenses[29]

En medio de sus penas en Corinto,
de Tesalónica hay razón feliz
traída allí por Timoteo y Silas.
En la iglesia se afirma la raíz
de su siembra de solo tres semanas.
De sus miembros, recuerda a cada cual;
ya que no puede regresar a verlos,
les escribe esta carta paternal:

A la iglesia de los tesalonicenses,
gracia, y paz, de Dios y del Señor:
Gracias damos a Dios que su Evangelio,
no sólo por palabra: con amor,
por nuestro medio os llevó el Espíritu.
Ejemplo sois en Macedonia, Acaya
y dondequiera hay fieles que han creído,
o adonde alguno de vosotros vaya.

Es un milagro como os convertisteis
de ídolos a Dios, al verdadero,
para esperar a su Hijo Jesucristo
a quien resucitó de entre los muertos.

Sabéis muy bien con cuanta oposición
os anunciamos estas Buenas Nuevas,
sin buscar gloria alguna
ni seros carga al afrontar las pruebas.

No sólo el Evangelio habríamos dado;
también la vida, en caso necesario.
Tanto es lo que os amamos.

---

[29] Escrita en Corinto en el año 52.

Recordaréis que a diario
trabajábamos mucho, con fatiga,
para no ser a nadie ahí gravosos.
Como nuestras iglesias de Judea,
sufrís persecución de los celosos.

Separados estamos por un tiempo
solo de vista, no de corazón.
Deseamos mucho poder veros pronto:
sois nuestra gloria y gozo.
Que no se inquiete nadie por nosotros
al saber que hay aquí tribulaciones.
Tendrían que venir.
Recordadnos más bien en oraciones.

Describe Timoteo vuestra fe,
y el amor por nosotros.
Que prospere ahí también de unos a otros,
y firmes os mantenga en santidad
y en el servicio del Señor Jesús.
Quiere Dios vuestra santificación.
Seguid irreprensibles,
sin inmundicia ni fornicación.

Tratad a vuestra esposa en santidad,
ya no en concupicencia
como hacen los gentiles inconversos.
Limpiad vuestra conciencia.
Nadie engañe ni agravie a los hermanos;
Dios venga todo eso.
Trabajo honrado haced con vuestras manos.
Que nunca os falte nada.

Por los que duermen, no os entristezcáis
como quienes carecen de esperanza.
El Señor, que murió y resucitó,
cumplirá con su parte de la alianza.

Cuando vuelva a librar a los cautivos,
despertará a quienes en él durmieron;
los va a resucitar a ellos primero;
después, transformará a los que estén vivos.

Alentaos con esto unos a otros.
La vuelta del Señor
sorprenderá como ladrón de noche:
volverá de repente el Salvador.
Velad para que él no os sobrecoja
como a ebrios en noche de estupor;
dará Dios salvación
por medio de Jesús Nuestro Señor.

Reconoced a los que os amonestan,
trabajando a menudo sin reposo.
Siempre vivid en paz unos con otros,
amonestad con tacto al que es ocioso,
dad vuestro aliento al que es de poco ánimo,
sostened al que es débil con paciencia.
No paguéis mal por mal:
dad lo bueno con gran benevolencia.

Estad siempre gozosos y dad gracias.
Orad sin cesar. No extingáis la fe.
Examinadlo todo; lo que es bueno
tan solo retened.

Que Dios os santifique todo el ser:
espíritu, alma y cuerpo, siempre listos
y puros esperando la venida
del Señor y Dios Nuestro, Jesucristo.

Se leyó y releyó esta carta en público
porque encendía nueva fe y confianza.
No importa que hayan muerto muchos fieles;
para ellos, también hay esperanza.
Va a despertarlos Cristo cuando vuelva
como desadormecen los durmientes.
"Lo que es impredecible es nuestra muerte",
concluyen los tesalonicenses.

El mismo portador de esta misiva
contó al autor que fue malentendido:
se cree todavía en Tesalónica
que habrá quienes aún no se hayan ido

cuando en gloria y majestad regrese
como Rey de Reyes, Señor de señores.
Les escribe otra vez a pocos meses[30]
para rectificar nuevos errores:

Respecto a la venida del Señor
y nuestra sempiterna unión con él,
os rogamos que no os dejéis mover
por voz o carta infiel.
Nadie os engañe ni por un segundo
como que el día del Señor se acerca.
Deben cumplirse muchas profecías

---

[30] La Segunda Epístola a los Tesalonicenses, escrita en Corinto en el año 53

antes de que vuelva como juez del mundo.

Apartaos de quienes se comportan
desordenadamente. Sin reproche,
no comimos de balde el pan de nadie;
trabajamos más bien de día y noche
para daros ejemplo.
Quien no trabaje, que tampoco coma.
Los que laboran, gusten pan ganado
con su alimento, buen sabor y aroma.

No os canséis de obrar bien.
Al que desobedece nuestra carta,
no lo consideréis como enemigo.
No andéis mucho con él cuando se aparta;
pero sí amonestadlo como hermano.
Que el Señor de la paz la dé también
a vosotros ahí de mil maneras,
y os añada su gracia siempre. Amén.

Cambia Pablo de estilo aquí en Corinto.
Lo que se basa en el saber humano
y solo en la "excelencia de palabras",
renuncia porque es vano.
Que quede la poesía con poetas
y la filosofía con filósofos
que discurren de día en el mercado.
Se propone saber solo de Cristo,
de nuestro Salvador crucificado.

Corinto es capital de toda Acaya
que es provincia romana muy extensa,

y al procónsul Galión llevan a Pablo.

Cuando apenas se inicia su defensa,
Galión habla a la turba que lo acusa:
"Si fuera algún agravio o algún crimen,
os oiría según nuestro derecho,
mas no cuando se esgrimen
vuestra ley, solo nombres y palabras.

No quiero ser un juez de tales cosas".
Los expulsa él así del tribunal
y los griegos apresan a un tal Sóstenes,
instigador, de Pablo gran rival,
y lo azotan delante del procónsul,
quien no detiene las violentas manos.
Desde entonces, en toda la provincia
se sienten protegidos los cristianos.

De regreso a Asia

¿Entonces puede irse ya San Pablo?
Con esa garantía, ahora sí.
Se despide de todos los hermanos
para volver a Siria desde allí.
Y lo acompaña Aquila con Priscila
hasta la gran metrópoli de Efeso[31]
Tiene una de las siete maravillas
ese centro de lacras y de exceso.

Va al templo famosísimo de Diana,
la biblioteca, el teatro y el estadio;[32]
pero, al llegar al fin de la semana,
se va a la sinagoga
para alternar allí con los judíos.
Que prolongue su estada piden éstos
al saber que está allí sólo de paso,
mas su planes de viaje están dispuestos.

Promete regresar un día a Efeso,
mas se despide al irse a Cesarea,
donde se desembarca y va a la iglesia
que es un fruto también de su tarea.

Continúa al destino original,
Antioquía de Siria, la opulenta,
para quedarse allí por cierto tiempo.
Hay algo en Antioquía que lo alienta.

---

[31] Ciudad principal de la provincia romana de Asia, gran centro comercial y bancario.
Tenía una de las Siete Maravillas del Mundo, e l templo de Diana (o Artemisa).
[32] Existen las ruinas de esos edificios.

Recuerda las iglesias de Galacia,
la tierra de los celtas galo-grecos:
Antioquía, Iconio, Listra y Derbe.
De dudas y de errores llegan ecos
que quiere disipar y corregir.
Niegan su autoridad allí y en Frigia
ciertos nuevos cristianos judaizantes,
mas nada lo detiene o desprestigia.

Va confirmando a todos los discípulos
que a Dios sirven en Frigia y en Galacia,
para quienes es padre espiritual,
por quien gran libertad les dio la gracia.

El cristianismo en Efeso

A Efeso llega Apolos,
judío natural de Alejandría,[33]
metrópoli de Egipto,
la academia de la filosofía
para sabios de Oriente, Grecia y Roma.
Con razón es Apolos elocuente
cuado explica las Santas Escrituras
muy diligentemente.

El fue discípulo de Juan Bautista.
Del arrepentimiento y del perdón
predica con poder de iluminado,
mas nada sabe del excelso don
del Espíritu Santo.
Se lo revelan Aquila y Priscila,
quienes ven la virtud de su denuedo
como entre vates de Israel se estila.

Su griego y su elocuencia,
darán a Apolos frutos en Acaya
si debe refutar a judaizantes.

También si ante prosélitos se explaya,
demuestra que Jesús es el Mesías.
Los efesios le incitan a que vaya
para provecho de creyentes griegos …
Lánzase al mar, y luego a muchas vías.
Sobre Corinto es tanta su influencia

---

[33] Importantísima ciudad de Egipto. Era la segunda del mundo, después de Roma. Tenía por lo menos 600.000 habitantes. Entre sus famosos edificios, figuranban el palacio real, además de muchos templos y teatros. El más destacado era el Museo con la biblioteca más grande de la antigüedad, con cientos de miles de libros (rollos).

que confunden allí lo que es lealtad:
algunos son "de Pablo"; otros, "de Apolos".

Mas cuando escribe Pablo a esa ciudad,
aclara que él fue apenas sembrador
en suelo que a regar tocóle a Apolos
y donde el Creador da crecimiento.
Se complementan predicando solos.

Los dos, san Pablo y "el hermano Apolos",
son servidores simplemente allí.
Donde establece el fundamento el uno,
viene a reedificar, no para sí,
quien tiene mayor don de confirmar.

Que nadie se gloríe más en hombres
que el Señor pueda usar como instrumentos:
no se salvan los fieles en sus nombres.

Mientras derrama Apolos en Corinto
su elocuente saber en mil vocablos
para arraigar plantitas incipientes
de semillas sembradas por San Pablo,
va Pablo tras Apolos hasta Efeso.
Los conversos que allí bautizó Apolos
no saben que obra ya el Consolador:
que, aunque Cristo ascendió, no estamos solos.

Se destacan allí doce discípulos,
compungidos y luego bautizados,
seguros del perdón
de todos sus deslices del pasado.

Del Espíritu Santo nada han visto
ni les hablaron nunca.
Pablo explica que Juan anunció a Cristo,
quien murió y ascendió sin dejar trunca
su misión redentora,
pues nos guía su Espíritu hasta ahora.

Los rebautiza entonces en tres nombres:
del Padre, y del Hijo, y del Espíritu.

Les impone las manos el apóstol
y, para prolongar el adelanto
de su iglesia por todas las naciones,
Dios les da el don de lenguas extranjeras.
Predicarán en todos los idiomas
al trasponer muchísimas fronteras.

Por un trimestre más la sinagoga
sigue siendo el salón de conferencias
del erudito profesor San Pablo.
De algunos hay al fin interferencias
y Pablo va a enseñar en una escuela
que le alquila el rotórico Tiranno.
Su programa de clases por dos años,
de las cinco a las diez, es cotidiano.

Los discípulos griegos y judíos,
además de nativos de otras tierras,
lo siguen al plantel que ahora es laico,
sin las interrupciones ni las guerras
de quienes tienen corazón de piedra.
Como texto de todos esos cursos,

usa siempre el Antiguo Testamento,
su base de discuros.

El populacho, como en otras partes,
es adicto a las artes de la magia,
la fingida y la obrada por demonios
que falsea portentos y presagia
fenómenos y eventos.
Con milagros, contrasta Pablo eso
--lo que es espureo con lo que es divino--
como agente de Dios allí en Efeso.

Sana Pablo a muchísimos enfermos
o libra a los posesos de demonios
y a orates que deambulan por las calles
que son sus manicomios.
Lo quieren imitar los exorcistas
tomando en vano el nombre del Señor,
mas les cae un castigo tan tremendo
que infunde en los efesios gran terror.

Para purificar su vida nueva
encienden los conversos una hoguera
con montones de libros sobre magia.
Ni en su gran inversión piensan siquiera
cuando arrojan los tomos a las llamas.

Se hacen cuentas después de la fogata
del precio de los libros en ceniza.
Total: cincuenta mil piezas de plata.

Los cristianos de Efeso ya están firmes
y Pablo sueña con hacer más viajes:
Macedonia, Acaya … Jerusalén;
después a España y, con más coraje,
llegar a la metrópoli de Roma.
Por el momento, envía a Macedonia
a Erasto y Timoteo,
un griego y un judío: dos idiomas.

Los judaizantes hacen mucho daño
mientras más tiempo queda Pablo en Asia.
"Deben circuncidarse los gentiles",
dicen en las iglesias de Galacia,
pues quien les predicó allí el Evangelio
carece de oficial autoridad:
no es apóstol de los originales,
y yerra exagerando libertad.

Epístola a los Gálatas[34]

Sin tener a su lado un amanuense,
les escribe con prisa de su mano:
¡Mirad cuan grandes letras!
¿Recordáis que llegué enfermo, hermanos,
cuando al principio prediqué en Galacia?
Mas no me despreciasteis por mi prueba.
Como a un ángel de Dios me recibisteis ...
como al mismo Jesús
de quien yo os anunciaba Buenas Nuevas.

Hasta os doy testimonio verdadero
que si os fuera posible, sin demora,
me habríais dado vuestros propios ojos.
Esa satisfacción, ¿dónde está ahora?
¿Me he hecho acaso un enemigo vuestro
por decir la verdad
cuando hay quienes os quieren separar
de la gracia, la fe y la libertad?

Me asombra que sigáis otro Evangelio,
no que exista ninguno diferente,
sino que esos maestros que os perturban
lo quieren pervertir astutamente.

Seguid firmes en esa libertad
con que os ha hecho libres el Señor.
Os digo que si os circuncidáis,
¿qué provecho tenéis del Redentor?

Porque en Cristo Jesús no vale nada
si aún os marcáis con la circuncisión.

---

[34] Escrita en Corinto en el invierno del año 57

¿Queréis así gloriaros en la carne?
Su gloria es una nueva creación.
Los que en la carne quieren agradar
son quienes os obligan por lo visto,
que os circuncidéis
para evitar persecución por Cristo.

Sabed que el Evangelio
yo no lo recibí ni lo aprendí
de ser humano alguno. Todo ello
fue una revelación de Jesucristo.
De mi antigua conducta habéis oído:
tan celoso era yo del judaísmo
que a la iglesia asolaba sin piedad,
con ciego fanatismo.

Mas cuando le agradó al Señor llamarme,
para Arabia me fui sin compañía.
Después, muchos decían en Judea:
"Aquel que en otro tiempo perseguía
predica nuestra fe".
No fui a Jerusalén hasta después
de haber ya predicado por tres años,
a ver a Pedro por primera vez
y a Jacobo el hermano del Señor.

Volví a Jerusalén con Bernabé
y con Tito catorce años más tarde.
Ni aun a Tito, por ser griego,
le obligaron allí a circuncidarse.
Unos falsos hermanos se esforzaron
por hacernos volver a servidumbre,

mas no nos sometimos ni un momento
para adoptar sus leyes y costumbres.

Los de reputación, los que eran algo
--Jacobo, Cefas, Juan--, considerados
muy sólidas columnas,

reconocieron dos apostolados:
este de la incircuncisión, que es mío;
de la circuncisión, de Pedro mismo.
A Bernabé y a mí nos dieron ellos
la oficial diestra del compañerismo.

Una vez cuando Pedro fue a Antioquía,
comía como comen los gentiles,
pero actuó con doblez e hipocresía
ante algunos enviados por Jacobo.
Lo reprendí: "Si tú, siendo judío,
vives siempre también como gentiles,
¿por qué mandas a éstos judaizar …
por qué estos disimulos tan sutiles?"

Las obras de la ley no justifican.
La fe de Jesucristo es lo que exculpa.
Con Cristo estoy también crucificado.
Después de su perdón, ya no me inculpa,
pues no vivo más yo, sino él, en mí.
Hoy para él existo.
Si la justicia fuera por la ley,
entonces sin provecho murió Cristo.

¿Por las obras de la ley viene el Espíritu
o por oir con fe?
Habiendo comenzado en el Espíritu,
¿vais a acabar bajo la carne ahora?
¿Se deben a la ley las maravillas
que Dios ha realizado entre vosotros,
o es por las adhesiones más sencillas
de fe en un Salvador a quien se adora?

Vivirá el justo gracias a su fe.
Y la ley no es de fe. La ley es cruel:
quien la viola está bajo maldición,
y nuestra maldición recibió él.
Entonces, ¿para qué sirve la ley?
La ley ha sido siempre el mejor ayo
para llevarnos, cual pastor, a Cristo,
quien hoy nos libra de su propio fallo.

Los que fuisteis en Cristo bautizados,
en él, todos vosotros hoy sois uno:
no más distingos entre griegos y judíos,
ni entre libres y esclavos hay alguno;
ni la mujer ni el hombre es superior.

De nadie ni de nada sois esclavos
pues, como hijos de Dios, sois herederos
de todas las promesas del Señor.

Cuando no conocíais aun a Dios,
servíais a deidades no existentes.
Hoy sois de Dios vosotros conocidos.
¿Cómo os hacéis esclavos nuevamente?

Guardáis los días, meses, tiempos, años.
¿En vano fue en Galacia mi trabajo?
De la ley que por Cristo estamos libres,
¿por qué queréis de nuevo estar debajo?

Recordáis que Abrahán tuvo dos hijos:
Ismael, con Agar, que era una esclava;
con Sara, que era libre, tuvo a Isaac.
Con esa alegoría se nos graba
que somos también hijos de promesa,
llamados a vivir en libertad.
No os sometáis jamás a esclavitud,
y en vuestra conversión, mostrad firmeza.

Aunque a la libertad fuisteis llamados,
no es licencia que uséis para la carne.
Servíos en amor unos a otros,
porque toda la ley así se cumple:
"Amarás a tu prójimo
así como te amas a ti mismo".
No andéis tras lo deseos de la carne,
que os aparta de Dios el erotismo.

Las obras de la carne son del suelo:
adulterio, lascivias e inmundicias,
fornicación, idolatría y celos,
pleitos, iras, contiendas y herejías,
envidias, homicidios, borracheras,
orgías y otros vicios semejantes.
Quien no supere lo carnal, de veras
no va a heredar de Dios el Reino Eterno.

El fruto del Espíritu es amor,
paciencia, gozo, paz, benignidad,
templanza, mansedumbre, fe y bondad.
No existe ley alguna contra él.

Los que siguen a Cristo crucifican
la carne con pasiones y deseos;
no son vanagloriosos ni irritables,
ni envidian con insanos devaneos.

Si algún hermano es sorprendido en falta,
vosotros, porque sois espirituales,
con mansedumbre, restauradle todo.
Tened en cuenta vuestros propios males,
no sea que en pecado estéis también.
Quien se precia de mucho siendo nada,
mucho se engaña. Póngase a prueba,
ni quite de otros lo que a sí se añada.

Todo cuanto se siembra se cosecha:
quien siembra para carne, corrupción;
para el Espíritu, la vida eterna.
No nos cansemos de la noble acción
que vamos a segar de igual especie.
Hagamos bien a todos: siervos, amos,
especialmente a los de nuestra fe,
pues segaremos si no desmayamos.

A todos cuantos lean esta carta
sean la paz y la misericordia:
son ya hace tiempo el Israel de Dios.
De ahora en más, no dudas ni discordia

sobre mi apostolado; muchas marcas
del Señor en mi cuerpo se ven bien.
Sea la gracia del Señor Jesús
con vuestro espíritu por siempre. Amén.

Disturbios en Efeso

Era pingüe la industria de plateros
con sus templos de Diana en miniatura
que se exportan a plazas muy distantes.
Mas es menos promisoria la ventura
desde que, inspirada por cristianos,
quemó libros de magia mucha gente.
Se alborotan por eso los plateros
tras Demetrio, un artífice elocuente.

"Varones --dice él-- con este oficio
muy fácil nos hacemos de riqueza;
pero veis y oís como ese Pablo
devasta la demanda de esta empresa,
en Efeso y en Asia.
Desde que hizo de Efeso su morada,
predica que los dioses fabricados
no son dioses, ni seres, ni son nada.
"Así pone en peligro este negocio:
también el templo de la diosa Diana
que se venera en Asia y todo el mundo,
con que esta próspera ciudad más gana,
podrá desestimarse".

Después de oír todo eso,
grita la turba hecha una amorfa masa:
"¡Grande es Diana, la diosa esta de Efeso!."

Mucha gente no sabe por que grita:
los unos una cosa; y otros, otra.
La multitud es ciega.
Les da tanto estotra como esotra;
tiene conciencia ajena.

La concurrencia entera está confusa
sin saber para qué se ha congregado.
Demetrio instiga eso, y eso usa.

La masa de individuos reducidos
a unas simples moléculas humanas,
arrebatan allí a Gayo y a Aristarco,
siempre gritando: "¡Diana!, ¡Diana!, ¡Diana!."
Cuando Pablo ve así a sus compañeros
en manos de un gentío inatajable,
quiere salir a defender sus fueros.
Sus amigos le impiden hasta que hable.

La frenética turba, como ebria,
prende a un tal Alejandro, sin por qué,
que intenta defenderse.
Descubren que no es miembro de la fe
sino un manifestante, y que es judío.
Se torna, pues, antisemita el grito.
Claman en griego por dos horas más
el nombre de su diosa y de su mito.

Cambia tanto la instable muchedumbre
que les habla por fin el escribano:
"¿Quién no sabe que vino desde Júpiter
la imagen que bien copia el artesano,
de Diana, la deidad de los efesios?
No son blasfemadores de los dioses
los hombres que tenéis acorralados
y acusáis de sacrílegos de Diana.

"Si Demetrio con todos sus colegas
tienen causa legal o pleito alguno,
se conceden audiencias y hay procónsul.
Que paguen honorarios a un tribuno.
No actuéis con desatino. Apaciguaos.

Demandad en legítima asamblea.
De sedición podréis ser acusados
por algún juez que este disturbio vea".

Con eso se despide el populacho.
El tropel, en desorden, se divide
y a los discípulos convoca Pablo.
Los exhorta, y abraza, y se despide.
Va a recorrer primero a Macedonia
para exhortar a las iglesias nuevas.
Después ha de viajar también en Grecia
para borrar más dudas con más pruebas.

De sus persecuciones y trabajos,
les escribió a hermanos de Corinto:[35]
Vamos con penas, muchos altibajos,
en apuros, mas no desesperados;
derribados, mas nunca destruidos.
Vivimos entregados a la muerte,
porque entonces la vida de Jesús
en nuestro ser mortal se manifiesta.

No desmayamos aunque se desgasta
nuestro hombre exterior; contra esos males,

---

[35] Segunda Epístola a los Corintios, escrita en Macedonia en el otoño del año 57

se renueva el de adentro día a día.
No miramos las cosas terrenales:
ya vemos las eternas.
Si deshacen aquí tantos desvelos
el tabernáculo terrestre nuestro,
pensamos en el nuevo de los cielos.

He abundado en trabajos ya con creces,
y en azotes sin número, y en cárceles,
y en peligro de muerte muchas veces.
Fui azotado con látigos y varas.
También he sido náufrago tres veces,
y anduve entre peligros en caminos,
y en desiertos, y en ríos, y en ciudades,
de malos, de ladrones, de asesinos.

Además de trabajos, y fatigas,
y hambre, y sed, y ayunos, y de frío,
y desnudez, y situación que hostiga,

para que no me exalte yo en exceso
y reduzca con ello mi eficacia,
llevo siempre en la carne un aguijón.
Mas me dijo el Señor: "Basta mi gracia"
cada vez que pedí la curación.

Descubrí así que mi poder también
en mi debilidad se perfecciona.
Me gloriaré más bien
si por ser débil, Cristo habita en mí.
Por él, me gozo en las debilidades,

en las persecuciones, las afrentas,
y aun en las angustias,
pues cuando soy más débil,
entonces soy más fuerte.

Breve visita a Europa

Por nuevas trabas, cambiará sus planes
a los tres meses de llegar a Grecia.
De allí se embarcaría para Siria,
mas de súbito sabe que se arrecia
una acechanza que traman los judíos
que esperan atacarlo en algún puerto.
Decide retornar por Macedonia,
dejando el sitio de su embarque abierto.

De su escolta, van unos con la proa
con rumbo fijo hacia un buen puerto de Asia.
Se hacen al mar para esperarlo en Troas.
Son Aristarco, Sópater y Gayo,
Tíquico y Prófumo, más Timoteo.
Reposan siete días en Filipos
los que lo asisten al viajar por tierra
llevándole sus libros y su equipo.

Feliz pascua celebran en Filipos.
La primera discípula de Europa,
Lidia, la que hospedó a los misioneros,
aun vende allí tinturas para ropa.

Con la festividad, habrá recreo
con pródigos hermanos macedonios.
De allí cruzan después el Mar Egeo
para quedarse una semana en Troas.

Otra vez, en Asia

Por Troas va a pasar un barco el lunes.
Se dedica el domingo a la enseñanza
y accede a predicar toda la noche.
Mientras el tiempo avanza,
van encendiendo lámparas.
Pronto humean los pábulos de aceite,
se prolonga el discurso a media noche …
y el sueño merma espiritual deleite.

Les roba mucho el sueño
un hecho que podría dar desvelo,
cuando un joven sentado en la ventana
del tercer piso se desploma al suelo.
La gran consternación queda en suspenso
cuando San Palo lo declara vivo.
Ya que nadie ha cenado todavía,
para un descanso, ¿qué mejor motivo?

La familia de Eutico lo recoge
sano y despierto.
No fue un mero desmayo …

Lo resucitó Pablo. ¡Estaba muerto!,
y él prosigue hasta el alba
¿pensando despedirse así, quizás?

De nuevo va delante un grupo en barco
porque el viaje es más corto y más directo,
adonde Pablo va por tierra: a Asón.
Desde allí zarpan juntos a Mileto.
De cincuenta kilómetros al norte,
los obispos de Efeso van a verlo

para que los instruya y los exhorte,
sin presentir este sermón muy triste:

Sabéis como he vivido entre vosotros,
en humildad, con lágrimas y pruebas.
Os enseñé en los templos y en las casas
los fundamentos de las Buenas Nuevas,
sin omitir ningún anuncio útil.
Os hablé del perdón y de la fe,
sin pensar nunca en oro, nunca en plata:
nunca nada de nadie codicié.

Mas bien, si algo se hacía necesario
para mí o para quienes van conmigo
trabajando, estas manos me han servido.
Como el Señor, también os digo:
"Mucho mejor es dar que recibir".
Para Jerusalén me voy ahora
sin saber si de cuitas y prisiones
que me prenuncian dará allá la hora.

Ya no hago caso de ninguna cosa
con tal de cumplir bien mi ministerio,
ni estimo que mi vida sea preciosa.
Sé, además, que ninguno de vosotros
a quienes prediqué el Reino de Dios,
por el cual cualquier peligro orrostro
sin rehuir anunciar consejo alguno,
no verá en este mundo más mi rostro.

Mirad, por tanto, por vosotros mismos;
por el rebaño del cual sois obispos:

por la iglesia ganada con la sangre
de nuestro Salvador, de Jesucristo.

Seguro estoy: después de mi partida,
vendrán lobos rapaces al rebaño
para arrastrar discípulos tras sí
con gran perversidad y oculto engaño.

De entre vosotros mismos serán unos.
Velad y recordad que por tres años
de noche ni de día yo cesaba
de hablar tanto a judíos como a extraños
y amonestar, con lágrimas a veces.
Ahora yo al Señor os encomiendo
y a su palabra de divina gracia.
¡Que os den poder para seguir venciendo!

Se postra entonces y ora
con su fervor de evangelista y santo.
Entre los que allí doblan las rodillas,
hay hondo sentimiento y noble llanto.
Lo abrazan y lo besan;
porque esté enfermo, detenido o muerto,
lamentan mucho que no vuelva más …
Siguen con él hasta que deje el puerto.

Ven la patria de Hipócrates el médico,
y la isla de Cos van a pasar.
Disfrutan más en Rodas, de aire puro
y el clima de la isla triangular.
Cuando llegan a Pátara hay un barco
ya por levantar anclas ese día.

¡Tiene cupo! Muy pronto se reembarcan
e inician la más larga travesía.

Hacia la izquierda, Chipre,
donde inició su prédica extranjera.
No va a anclar esa nave sino en Tiro,
donde va a estar una semana entera.
También allí en Fenicia hay una iglesia
que con él se encariña en siete días.
Le ruegan con amor que no se vaya,
los hombres y mujeres con sus hijos
que van a orar con él en una playa.

Navegan desde Tiro a Tolemaida
donde pasan un día con hermanos.
Por fin, llega el barco a Cesarea
donde abundan entonces los cristianos.

Se hospedan en la casa de Felipe
que es de los siete diáconos aún;
y un gran evangelista,
lo que él y Pablo tienen en común.

Agabo, que es profeta de Judea,
visitando a San Pablo y su anfitrión,
ilustra extrañamente cierta idea
usando el cinturón
del huésped que se va a Jerusalén.
Con él se ata los pies y ambas manos,
diciendo que en Judea harán también
lo mismo con el dueño de aquel cinto.

Los que viajan con Pablo y los del pueblo
le suplican entonces vez tras vez
que a la Santa Ciudad renuncie ahora.
Insiste en que irá allá en Pentecostés:

A mas que ser atado estoy dispuesto,
como morir en esa capital
por el nombre sagrado de Jesús,
donde su entrega fue también total.

Desisten los que intentan persuadirlo
para acatar su firme autoridad.
Comienzan, sin tardar, preparativos
de su viaje final a esa ciudad.
De Cesarea lo acompaña gente
que planea muy bien su bienestar,
más Mnamón, un chipriota que es pudiente,
que allá en Jerusalén los va a hospedar.

Atentato contra Pablo

¡Nada menos que el ex perseguidor
llegó a Jerusalén para la fiesta!
Cada miembro de iglesia quiere verlo,
pues es gran héroe de cristiana gesta.
Después que se ha alojado en la ciudad,
va a ver a los ancianos y a Jacobo.
Al oir de su fértil ministerio,
sumidos quedan todos en arrobo.

Infiltrados hay muchos judaizantes
que un consejo le dan desatinado:
"Ves, hermano, que miles de judíos
han creído y ya están a nuestro lado,
seguros en la grey.
Son fieles a la fe y al Evangelio
y a la vez muy celosos de la ley,
mas se inquietan oyendo esto de ti:

"que tú ordenas a todos los judíos
que entre gentiles se hallan hoy dispersos,
que abjuren de Moisés, y que a sus hijos
no circunciden más … ni a los conversos:
que renuncien así a nuestras costumbres.

Como hay gran multitud para el festejo
que viene desde allá donde has estado,
te damos por tu bien este consejo:

"Están entre nosotros cuatro hermanos
que al templo irán para cumplir un voto.
Cumple igualmente. Negarás los cargos
y se verá que eres aún devoto

que guarda bien la ley.
Para que se rasuren los cabellos,
paga, además, los gastos tú …
y purifícate también con ellos".

Al día siguiente, con los cuatro hombres,
purificado como hicieron ellos,
entra en el templo e inicia cumplimientos
para los ritos sin razón aquellos
y para dar la ofrenda requerida
después de siete días.
Mas antes de cumplir ellos el plazo,
gente de Asia lo acusa de falsía.

Le echan mano entonces dando voces:
"Ayudadnos, varones de Israel;
el que contra la ley y este lugar
enseña mal al pueblo y lo hace infiel
es ese hombre Pablo.
También ha profanado nuestro templo
metiendo en él hoy mismo a algunos griegos.
¿Quien puede tolerar tan mal ejemplo?"

Se equivocan, o simplemente engañan,
cuando gritan furiosos todo eso.
Vieron antes allí en Jerusalén
a Pablo andar con Trófimo de Efeso,
mas nunca entraron juntos en el templo.
Como el odio reacciona con apuros,
arrastran del santuario mismo a Pablo
afuera de los muros.

Se proponen matarlo
cuando un tributo, que es romano impío,
va para hacer justicia.
Pregunta a aquel frenético gentío
quién es el preso y cuánto mal ha hecho.

Se contradicen los de más fiereza,
y es tal el alboroto
que allí lo salvará una fortaleza.
A ella en peso lo cargan los soldados
porque aquella violenta multitud
sigue detrás ladrando: "¡Muera, muera!"
La algazara es de tanta magnitud
que pregunta el atónito tribuno:
"¿Eres tú el sedicioso aquel egipcio
con cuatro mil feroces mercenarios?
Si no, ¿cuál es tu falta? ¿Cuál, tu vicio?"

**Soy judío. Nací romano en Tarso,
ciudad de alto nivel;
mas me crié aquí en Jerusalén
a los pies del rabino Gamaliel.
Protegido por ti, desde estas gradas,
permíteme que arengue a esta asamblea.**
Cuando obtiene oficial consentimiento,
pide silencio y habla en lengua hebrea:

**Oíd, padres y hermanos, mi defensa:
En esta misma capital crecí.**

**Según la santa ley de nuestros padres,
fui adoctrinado estrictamente aquí,**

muy celoso de Dios como vosotros.
Perseguí hasta la muerte este Camino,
castigando a los hombres y mujeres
con furor cruel, pero genuino.

Del sumosacerdote y los ancianos,
recibí autoridad para apresar
hasta en Damasco a los que había allá,
y arrastrarlos por fuerza a este lugar;
pero entrando en Damasco,
una gran luz me encandiló la cara.
Caí ciego, y oí en voz muy clara:
"Saulo, Saulo, ¿por qué tú me persigues?"

Sin ver a nadie, pregunté quién era.
"Jesús de Nazaret a quien persigues"
fue la respuesta que cambió mi vida.
Espantó aquella luz en gran manera
a los que iban conmigo ...
Menciona su misión a los gentiles,
y enfurece a la masa esa palabra.

Le piden al tribuno el peor castigo:
"Quita hoy de la tierra a un hombre tal.
No conviene que viva".
Tiran con furia ropa y polvo al aire
cada vez con más fuerza y más arriba,
mientras más ensordece el alarido.
Cuando Pablo ya está en la fortaleza,
y van a darle azotes,
protesta con vigor y gran presteza
después de estar atado con correas,

estando allí presente un centurión:

**¿Es lícito azotar así a un romano
sin evidencia alguna y sin razón?**

De su ciudadanía
se le informa al tribuno que está ausente.
"Por gran suma me hice ciudadano"
--confiesa el que es allí la autoridad--.
Pablo replica: **Y yo, nací romano.**

Los que estaban allí para el tormento
se apartan del lugar de punición
por temor a violar la ley de Roma.

Del tribuno, fue intensa la reacción
al hallarse en peligro
de reprimenda por haberlo atado.
Convoca al día siguiente a los notables:
sacerdotes y miembros del Concilio,
constituidos por él en un jurado.

Sin las cadenas, les presenta a Pablo,
quien empieza a explicar que sirve a Dios.
El sumosacerdote no lo toca
mas manda con soberbia e indigna voz
que le den bofetadas en la boca.
El no se calla: **A ti, pared blanqueada,
te va a golpear Dios mismo ...** Tras gran pausa:
**Te sientas a juzgarme por la ley,
¿y la violas mandando herir sin causa?**

-Al sumosacerdote, ¿así tú injurias?
--**Yo ignoraba quien fuese. Sí, está escrito:**
"No maldigas a un príncipe del pueblo".
Pablo, que en otro tiempo fue perito
en partidos y sectas,
ve en su jurado a dos que son rivales.
con muy opuestas metas.

Alza entonces la voz:
Soy fariseo, como fue mi padre.
Se me juzga por la resurrección.
Se enciende disensión:
saduceros, que creen lo contrario;
y fariseos, con igual idea.
De su lado, el partido poderoso;
en su contra, la secta saducea.

La dignidad se ahoga del Concilio
con gritos y careos.
Con facundia, hablan luego unos escribas,
que son los más celosos fariseos:
"Mal ninguno encontramos en este hombre.
Si un ángel o un espíritu le ha hablado,
no resistamos lo que inspire Dios".

Tanto se ofuscan los del otro lado,
que el tribuno otra vez ampara a Pablo
con soldados que ordena con presteza.
Va a escoltarlo, rodeado allí de escudos,
al refugio, en la misma fortaleza.

Revela entonces Dios su voluntad:
"Pablo, ten ánimo. Tú irás a Roma

para dar testimonio
al mundo en el universal idioma".

Ciertos judíos, ya en la madrugada,
maquinan un complot con juramento:
prometen no comer ni beber nada
hasta dar muerte a Pablo.
Los que conspiran son unos cuarenta
que obtienen el apoyo de devotos
ancianos y encumbrados sacerdotes,
que hasta cómplices se hacen de sus votos:

"Requerid del tribuno que lo traiga
temprano ante vosotros
y decid que queréis interrogarlo.
Lo vamos a matar por fin nosotros
antes que llegue a la sesión supuesta".
Mas un sobrino astuto de San Pablo,
en detalles, escucha esta propuesta,
y la hará que rebote.

Se va a la fortaleza
con más prisa y astucia que ninguno.
Lo presenta su tío a un centurión;
con este, va al despacho del tribuno,
y en secreto le cuenta del complot.
Que con nadie comente la celada,
le ordena el magistrado.
No podrán los maleantes hacer nada.

Muy escoltado, a Cesarea

Requiere este complot una estrategia
con muy urgente aplicación de fuerza
para impedir acción con otra acción
y frustrar la sorpresa con sorpresa.
Claudio Lisias procede como en guerra,
destacando una tropa por la noche:
cuatrocientos setenta hombres armados,
para sus enemigos, un derroche.

Toda esa fuerza va a escoltar a Pablo:
de los de infantería, van doscientos;
setenta, son soldados de a caballo;
de lanceros, también otros doscientos.
Lo llevarán seguro a Cesarea
que es sede del gobernador romano.[36]
Se llama Félix, y es un exesclavo
sadista, licencioso y vano.

Lo describe inocente Claudio Lisias
en su comunicado enviado a Félix;
quien lo oirá en cinco días
cuando lleguen allí con sus calumnias

el sumosacerdote: Ananías,
los cómplices de la conspiración
y un famoso orador llamado Tértulo,
maestro de doblez y adulación.

Cuando ante Félix aparece Pablo,
prodiga Tértulo lisonja audaz:

---

[36] Ciudad de Palestina, a 104 kilómetros al norte de Jerusalén. Fue la capital de
Palestina bajo los romanos; y después, bajo el gobierno de los reyes herodianos.

"Excelentísimo gobernador,
como gracias a ti gozamos paz
y tanto bien se debe a tu prudencia,
para no importunarte largamente,
te ruego atención breve a la evidencia
conforme a la equidad con que gobiernas.

"Este hombre es una plaga,
promotor muy audaz de sediciones
por todo el mundo donde hay judíos.
Hasta el templo profanan sus acciones.
Por nuestra ley tratamos de juzgarlo
mas el tribuno Lisias, con violencia,
nos lo quitó una noche de las manos.
Ahora está en las tuyas la evidencia".

Le cede Félix la palabra a Pablo,
quien le rinde sincera deferencia:
**Como desde hace años eres juez,
esta defensa entenderá tu ciencia.
Doce días atrás, yo fui a adorar
allá en la capital de mi nación.
Con nadie me hallaron disputando,
ni en tertulia, asamblea, ni reunión.**

**No anduve amotinando a multitudes
ni en la ciudad, ni en templo o sinagoga.
No pueden darte pruebas. Me calumnian.
Falsa es esa pasión que se desfoga.
Te confieso que sí, por el Camino
que ellos tildan, sin base, de herejía
sirvo al Dios de mis padres y de ellos,**

y acato lo que escrito está en la ley
y en los libros de nuestra profecía.

Abrigo como ellos la esperanza
de la resurreción de los que han muerto,
de justos y de injustos.

Por eso tanto trato de estar cierto
que pueda mantener limpia conciencia
sin ofender a Dios ni a humano alguno.

Aplaza entonces Félix esta audiencia
para esperar a Lisias el tribuno.
A un centurión asigna la custodia
de quien no está allí para castigos.
Debe darle bastante libertad
y dejar que le sirvan sus amigos.
Félix inicia pronto sus visitas
en busca de la oferta de un soborno
de parte de los otros del Camino.
Por sus favores, ¿le darán retorno?

Su esposa, que es Drusila, la judía
que lo cambió por su anterior marido,
quiere saber cual religión profesa
que inspira una pasión tan sin sentido.
Diserta entonces Pablo de justicia,
dominio propio y juicio venidero,
con lo cual se intimidan sus oyentes
dedicados al vicio y al dinero.

"Ahora vete" --dice el juez corrupto--
otra vez dime más de tu verdad".
Y lo llama, y lo llama con frecuencia.
¿Puede Pablo comprar su libertad
como por ella muchos otros pagan?
Aunque sabe que Pablo es inocente,
lo deja recluido por dos años
¡esperando una oferta de otro cliente!

Como gobernador, después de Félix,
otro procurador llega a Judea.
Se llama Porcio Festo.
También quiere agradar a la ralea
que aspira a asesinar al prisionero.
Propone devolverlo a los judíos:
que lo juzgue su propio Sanedrín.
Mas Pablo apela a César.
¡La capital del mundo verá al fin!

Nada malo les hice a los judíos,
ni en mi nación, ni en viajes, ni aun aquí.
Nadie puede entregarme nunca a ellos.
Ante este tribunal de César sí
yo puedo ser juzgado. Apelo a César.
Y aunque le dan el título de Augusto,
Nerón es el "Augusto" que hay en Roma,
el peor emperador, el más injusto.

Ante el Rey Agripa

Para rendir su pleitesía a Festo,
visita a Cesarea el Rey Agripa
con su hermana y esposa Berenice,
luciendo allí su escandaloso incesto.
Aunque Agripa nació y medró allá en Roma,
protegido y aliado de Nerón,
se dice paladín del judaísmo,
y hasta nombra a los sumosacerdotes
que dominan con él a la nación.

A este experto en las leyes ortodoxas
le habla Festo de Pablo el prisionero.
Quiere Agripa, que allí es también romano
--Marcus Julius Agripa Herodes Dos--
escuchar la defensa de un cristiano.
Con fausto y esplendor muy bien dispuesto,
a hombres principales y a tribunos,
ante Agripa y mujer convoca Festo.

De este modo preséntales a Pablo:
"Rey Agripa y todos los varones:
aquí tenéis al hombre de quien hablo
cuya muerte demandan los judíos.

Aunque crimen ninguno ha cometido,
él ya ha apelado a Augusto.
Decidme qué le escribo en buen sentido
cuando lo envíe a mi señor a Roma".

"Se te permite hablar" le dice el Rey.
Su aplomo aflora así:
Me tengo por dichoso, Rey Agripa,

de poder defenderme hoy ante ti.
Bien conoces cuestiones y costumbres
que quieren repetir en tu presencia
como ecos de inconscientes muchedumbres.
Te ruego que me escuches con paciencia.

Viví, como mi padre, fariseo
desde mi juventud en mi nación,
allá en Jerusalén,
conforme a rigurosa religión.
Me acusan porque espero la promesa
que hizo Dios por profetas infalibles,
de un Redentor que llamará a los muertos.
Que Dios de nueva vida, ¿es increíble?

Perseguí yo a Jesús de Nazaret
en lugares cercanos y remotos.
Encerré a sus discípulos en cárceles;
y al matarlos, contaban con mis votos.
Los forzaba también a blasfemar
con castigos de mil y una maneras
por todas nuestras muchas sinagogas
en mi patria y en tierras extranjeras.

Ocupado con esto iba a Damasco
con poder que me daba el alto clero,
cuando una luz de más fulgor que el sol
de pronto nos rodeó tan por entero
que casi sucumbimos allí todos.
Me habló Jesús sin términos hostiles
para nombrarme su testigo fiel
ante mi propio pueblo y los gentiles.

"Contarás lo que has visto
más las que a ti revelaré después
para que abras los ojos de la gente.
Así encamínense a la luz los pies
para volverse a Dios.

Tendrá el amplio perdón que es por la fe
quien se arrepienta porque cree en mí,
no importa como era o donde esté".

No fui rebelde a Dios, ¡oh Rey Agripa!
Seguí más bien la celestial visión.
Primeramente la anuncié en Damasco,
Jerusalén, y a toda mi nación;
después, a los gentiles.
Aspiro sí a que un cambio los liberte
para hacer obras dignas del perdón.
Por eso nada mas quieren mi muerte.
Con auxilio de Dios doy testimonio,
sin desmayar jamás en mis empeños,
de anuncios de Moisés y los profetas,
a grandes y a pequeños:
que tendría Jesús que padecer
hasta la muerte que se da a los viles
y ser primero en la resurrección
para dar luz al pueblo y los gentiles.

Festo le grita: "Tú estás loco, Pablo.
Las muchas letras ya te han puesto insano".
Excelentísimo, yo no estoy loco.
Delante de quien hablo con confianza,
digo verdad, cordura: nada vano.

De ello, el Rey debe estar también seguro,
pues no puede ignorar nada de esto
que no ha ocurrido en un rincón oscuro.

Dialogan brevemente el Rey y Pablo:
¿Tú crees, Rey Agripa, en los profetas?
Yo sé que sí que crees.
Entran estas palabras cual saetas
en la conciencia que ha embotado Agripa,
y admite: "Por muy poco me persuades
a ser también cristiano".

Quiera Dios que el poder de estas verdades
sea por poco o por mucho,
a ti y a toda esta sala llena
los hagan como a mí, siervos de Dios
excepto estas cadenas.

Se levantan el Rey y Berenice
con el gobernador y los demás.
Cuando ya no los oiga más el preso,
darán aparte su opinión veraz:

"No hallamos causa de prisión ni muerte
después de haber oído todo esto".
"Podría haber salido en libertad
--comenta Agripa a Festo--
si no hubiera apelado este hombre a César".

Primer viaje a Roma

Un noble centurión llamado Julio
de la romana compañía Augusta
zarpa con Pablo, varios compañeros
y otros presos, en nave ya vetusta,
para buscar mejor justicia en Roma.
Allá en Sidón, sin guardas ni testigos,
"Julio, tratando humanamente a Pablo",
le deja visitar a sus amigos.

Se hacen a vela con el viento en contra,
yendo al norte junto a Fenicia y Siria.[37]
Hacen escala allá en su amada Tarso
antes del largo trecho a Mira, en Licia.
Zarpa de allí una nave egipcia a Roma,
mucho más fuerte para el largo viaje.
Transporta mucho trigo para Italia
y aumenta su pasaje
a doscientos sesenta y seis personas.

Va pesadísima y avanza poco.
Navega muchos días hasta Gnido,
distancia corta, aún bordeando Licia.

Contra viento y marea y el rugido
de las olas, desciende rumbo a Creta
que costea con gran dificultad,
y ancla en Buenos Puertos,
muy cerca de Lasea, una ciudad.

---

[37] Franja costanera en el Este del Mar Mediterráneo, que se extiende hasta las montañas del Líbano. Siria era la parte más al norte de esa costa.

Pasan allí ya demasiado tiempo.
Llega el invierno peligroso y frío.
Ya la navegación es imprudente.
No capeará más vientos el navío.
Por su carga valiosa de los granos
y bien de las personas,
mejor no aventurarse a oceanos
e invernar sin más riesgo en Buenos Puertos.

Eso propone al centurión San Pablo,
mas el piloto y el patrón de nave
consideran incómodo ese puerto.
Más seguro será, y en clima suave,
si pueden invernar allá en Fenice,[38]
muy poco al norte y ya en la misma Creta.
Zarpan entonces, desoyendo a Pablo.

Levantan anclas al avistar su meta,
cuando empieza a soplar Euroclidón,
el viento tempestuoso del Levante
al que no logran ya ponerle proa.
Sin control, boga el barco muy distante
de todo puerto y de cualquier orilla.
Junto a la islita Claudia, por cautela
para no encallar en algún banco,
prefieren la deriva y arrian vela.

Tan recia es la tormenta
que empiezan a arrojar la carga al mar,
aun aparejos y hasta algunas velas.
Ni sol ni estellas ya se ve brillar

---

[38] Ciudad y puerto bien resguardado en el sur de la isla de Creta; hoy se llama Lutro.

ni hay nada que comer por varios días
y merma la esperanza.

Las noches negras, cada vez más frías,
hacen temer a la más larga noche.
Si puede alguien levantar los ánimos,
tendrá que ser el santo misionero,
quien también tiene frío y pasa hambre

y allí parece un simple prisionero;
pero es un instrumento del Señor.
Les habla entonces con poder y juicio:

**Por cierto habría sido conveniente
no zarpar para hallar este perjuicio.
Pero ahora os exhorto a tener ánimo.
De vida no habrá pérdida ninguna.
La nave es lo que no se salvará.**

**Tuve esta noche la feliz fortuna
de recibir a un ángel de mi Dios
que me dijo: "Tú cumplirás tu empresa.
Los que contigo van, se te concede".
Señores, yo acredito esta promesa.
Debemos dar, con todo, en una isla.**

Desde entonces, se esfuerzan por ver tierra.
Ya en el Adriático por dos semanas,
la gente que a la vida ahora se aferra
se entera que echan sonda los marinos:
primero, veinte brazas; después, quince.
Se sospecha que hay cerca alguna costa.

Quieren todos tener ojos de lince.

Temiendo dar en bancos o en escollos,
por la noche echan anclas los marinos
para esperar con ansia que amanezca.
Planean un engaño matutino:
con el esquife, abandonar la nave,
simulando echar anclas por la proa.
Pablo lo advierte, y dice a los soldados:

Estos quieren huir con la canoa.
Si ellos se escapan, no podréis salvaros.
De su espada echa mano allí un soldado
y corta las amarras del esquife
que se pierde en el mar tan encrespado.
De nuevo se oye a Pablo dar consejo:

Velasteis en ayunas hasta acá.
Por vuestro bien, debéis comer ahora,
pues nadie ni un cabello perderá
Toma entonces el pan y, dando gracias,
comienza a saborearlo frente a todos.
Los demás, ya también con más aliento,
lo empiezan a comer de muchos modos.

Ya va amainando el viento;
piensan entonces en acción y abrigo;
entonces, con más fuerza,
van a alijar el barco hasta del trigo.

Se ve tierra y no saben dónde están,
mas la playa que existe en un recodo

les parece ideal para varar:
sin escollos, sin piedras y sin lodo.
Cortan anclas, que dejan en el mar,
y largan las amarras del timón.
Al viento alzan la vela de la proa
y enfilan a la arena con fruición.

Naufragio

Mas encalla la nave entre dos aguas
y se hiende la proa como estaca
mientras toda la popa se hace añicos.
Es naufragio del cual nada se saca.
Para que allí los presos no se escapen,
planean los soldados sus degüellos;
pero a Pablo recuerda el centurión
y ordena que se salven también ellos.

Los que nadan, que salten los primeros;
que se tomen de tablas o de palos
los débiles o quienes no braceen.
Nadie juzgue a unos buenos; a otros, malos.
Como Pablo anunció, se salvan todos.
Hacen fuego y les dan lo que hace falta
los nativos, pues llueve y hace frío.
La isla donde están se llama Malta.

Mientras Pablo recoge leña seca
para avivar las llamas de la hoguera,
se le prende una víbora en la mano.

Piensan muchos que aquella es la manera
de hacer justicia el hado a ese villano
que allí quiere evadirse del presidio.
Aunque pudo salvarse en el naufragio,
debe ser gran culpable de homicidio.

Cuando al áspid sacude Pablo al fuego,
se espera la mortífera hinchazón
y verlo desplomarse ya sin vida.
Pasa el tiempo, la leña ya es tizón

y la mano ni tiene Pablo herida.
Presto cambian entonces de opinión:
"Ese hombre poderoso ha de ser dios;
si no, ¿cómo se salva con milagros?

Un gran terrateniente de esas partes
se llama Publio, a quien su gente llama.
El hospeda a los náufragos tres días,
aunque tiene a su anciano padre en cama
con fiebre y una gran disentería.
Va a visitarlo Pablo en su apartado,
se postra para orar por su salud,
y el hombre se incorpora ya curado.

Pronto cunde en redor la gran noticia
y se enfilan contando sus dolores
los enfermos traídos por parientes.
Después, se multiplican los favores
que a los náufragos hizo ya esa gente.
Cuando zarpan, los colman de atenciones
y cargan con enseres necesarios
tomados de sus propias provisiones.

Eso ocurre a tres meses del naufragio
en un barco también alejandrino
que en Malta había pasado aquel invierno.
Prosigue su trayecto a su destino
y no para hasta que ancla en Siracusa,
donde va a reparar más averías.
Llega después a Regio, ya en Italia,
y en Puteoli se queda siete días.

Los hermanos que a Pablo allí visitan
anuncian que ha llegado el que destierran,
a los muchos creyentes italianos
y a dispersos venidos de otras tierras
que gracias a San Pablo son cristianos.

A sesenta kilómetros de Roma,
muchos van al mercado Foro de Apio
a darle bienllegada cuando asoma.
De esos mismos, con muchos otros más,
continúan después a Tres Tabernas,
la próxima estación para viajeros,
aunados por sus vínculos fraternos,
a esperar a su padre espiritual.

Epístola a los Romanos

Les había escrito ya una carta[39]
que la vienen leyendo por tres años.
Les dice que la idea no descarta
de ir a confirmarlos pronto en Roma:

Me propuse ir a veros muchas veces
para tener también ahí algún fruto
como entre otros gentiles donde crece
la fe que sostenemos en común.
Sin cesar os recuerdo en oración.
Mucho anhelo algún día ir a vosotros
a daros algún don.

He aquí algunos fragmentos
de aquella carta que han leído tantos:
A todos los discípulos de Roma,
llamados a ser santos:
Gracia y paz a vosotros del Dios Padre
y también de su Hijo, Jesucristo.
A griegos y a no griegos soy deudor,
pues nunca me avergüenza el Evangelio
que les anuncio en nombre del Señor.

Es el poder de Dios para el que cree,
sea judío o gentil.
Revela la justicia por la fe:
SOLO POR FE ES QUE EL JUSTO VIVIRA.
Lo invisible de Dios se manifiesta
de forma no confusa,
por las cosas visibles que ha creado.
Negar esta verdad no tiene excusa.

---

[39] Desde Corinto, en la primavera del año 58

Así se ve su amor.
Los que a Dios nunca sirven ni dan gracias,
ni quieren conocerlo,
que más bien se envanecen en falacias,
presumen ser muy sabios siendo necios.
Representan a Dios con animales
y, en vez del Eterno,
veneran criaturas temporales.

Caen por eso en pasiones vergonzosas:
sus mujeres el uso natural
cambian por lacra y vicios anormales.
No pocos hombres, de manera igual,
se encienden en lascivias repulsivas
andando hombres con hombres.

Reciben puniciones
por desvaríos de asquerosos nombres.

Como no tienen nunca en cuenta a Dios,
practican malos actos: injusticia,
fornicación, perversidad, engaños,
envidias, avaricia y homicidio,
muchas contiendas y malignidades.
Son detractores y murmuradores,
injustos, altivos y soberbios,
inventores de males e injuriosos,
desobedientes, necios, desleales,
sin afecto, crueles, implacables
y sin misericordia.

Aunque el juicio de Dios entienden bien
--que cuantos se habitúan a estas cosas
de muerte se hacen dignos--
porque ignoran la voz de la conciencia
se entregan a los vicios y a maldad.
Menosprecian a Dios cuando los llama
con longanimidad
al arrepentimiento.

Con ese corazón no arrepentido,
se acumula gran ira para el juicio
cuando Dios pagará según las obras:
la vida eterna al que ha vencido el vicio;
ira y enojo para el que obra mal.
Todo es igual para judío o griego.
Con Dios no hay acepción de las personas:
sabio o ignorante, sacerdote o lego.

Tiene en cuenta eso sí lo que se sabe
de la ley, de la gracia y del pecado.
Los que han pecado sin saber la ley
también sin ley recibirán su estado.
Quienes viviendo bajo ley pecaron,
por esa misma ley serán juzgados.
Ante Dios, no son justos porque oyen;
son justos cuando cumplen lo aceptado.

Más de un gentil que ignora aún la ley
la cumple sin saber,
por lo que entiende.
Lleva la ley escrita en la conciencia
que lo acusa o defiende.

Cuando lo juzgue Dios por Jesucristo,
discernirá sus íntimos secretos
que otros nunca han visto.

Tú que llevas el nombre de judío,
te apoyas en la ley y te glorías
de conocer de Dios la voluntad;
ser de los ciegos guía,
dar luz en tinieblas
e indoctrinar a indoctos;
que posees la ciencia y la verdad …
tú que enseñas a otros,
¿por qué tú no te enseñas a ti mismo?

Enseñas a no hurtar, ¿y hurtas tú?
que nunca se adultere, ¿y tú adulteras?
Abominas los ídolos paganos
¿y tú mismo cometes sacrilegio?
Te jactas de la ley, ¿y la quebrantas?
A Dios han blasfemado los gentiles
¡porque ya son esas falsías tantas!

No es judío el que lo es exteriormente
y adentro engaño y crímenes perpetra.
Judío es el que lo es del interior:
de corazón, de espíritu, no en letra.
No es la circuncisión lo que distingue,
pues es marca en la carne hecha por otros.
La alabanza no viene de los hombres
pecadores así como vosotros.

¿Es mejor el judío que el gentil?
No, porque ambos fueron ya acusados:
"No hay justo, ni aun uno";
cada cual se desvía por su lado.
Por las obras externas de la ley
nadie jamás será justificado
por mucho que sea fiel a alguna grey,
mas la ley nos enseña qué es pecado.

Desde ahora es aparte de la ley
como Dios manifiesta su justicia.
La justicia se alcanza por la fe
por todos, por igual, sin más primicias,
pues todos han pecado;
sin más gloria de Dios está la gente.

La redime la gracia
que da Nuestro Señor gratuitamente.

Propiciación ha sido Jesucristo
que aceptamos por fe.
Los pecados ocultos y los vistos
quien los perdona es él.
¿En que se basa entonces la jactancia?
¿En cual ley, cuales obras, cual haber?
¡Es mediante la fe, que en abudancia,
da esperanza y poder.

¿Es Dios, en exclusiva, del judío
o es también el Dios de los gentiles?
A todo ser humano da albedrío
y a todos justifica por la fe,

circuncisos y no circuncidados.
Si a Abrahán dio franquicia:
fue por haber creído.

Gracias a eso le imputó justicia.
¿Estaba ya Abrahán circuncidado?
No, no estaba; era aún incircunciso.
Es padre de gentiles
y judíos, de un pueblo ya indiviso,
aunados por la fe.

Si ejercía su fe el padre Abrahán
mucho antes de estar circuncidado,
quienes hoy creen, tras sus pisadas van.
No por la ley se haría universal
su vasta descendencia que se ve
como la arena que bordea mares.

Fue heredero del mundo por la fe
que Dios se la imputó como justicia.
Si el de la ley es único heredero,
la fe resulta vana
ni hay mundo venidero.

Vivió siempre Abrahán con gran certeza,
confiado de que un Dios omnipotente
cumpliría sin falta su promesa.

Lo mismo hará el Señor en el presente:
nos contará también como justicia
si por fe estamos ciertos
de que nos dará al fin la vida eterna

su Hijo a quien alzó de entre los muertos.

Al ser justificados por la fe,
tenemos paz con Dios
por medio de su Hijo Jesucristo.
De la gracia al ir en pos,
nos gloriamos aún al padecer,
pues la tribulación trae paciencia;
y la paciencia, prueba;
y la prueba, esperanza
y más fe en la Omnipotencia.

Aún siendo enemigos,
nos reconcilia Dios por Jesucristo,
más nos absolverá estando amistados.
Cuando Adán transgredió, ya estaba listo
el plan para cubrir nuestros pecados:
la muerte que merece nuestra culpa,
la murió en el Calvario por nosotros
Jesucristo, por quien Dios nos indulta.
Por un hombre el pecado entró en el mundo,
y por ese pecado entró la muerte,
y la muerte pasó a toda la gente,
pues aun el más sabio y el más fuerte
de los seres humanos han pecado.
Si por la transgresión de esa caída
desde Adán hasta hoy reinó la muerte,
por Cristo ha de reinar también la vida.

Si por la transgresión de uno, Adán,
pasa a todos igual condenación,
también por la justicia y por la gracia

de Uno, Jesucristo, hay remisión.
Si la desobediencia de uno solo
ha constituido a todos en culpables,
porque Uno obedeció, pueden ser justos
los que acepten sus dones inefables.

Para que abunde más la gracia,
¿puede seguir pecando el que es infiel?
No así en manera alguna. Quien ha muerto
para el pecado, ¿ha de vivir en él?
Quien en Cristo haya sido bautizado
sepulta su pasado en el bautismo.
Lo que allí resucita ha de ser nuevo.
¡Jamás será lo mismo!
Consideraos muertos al pecado,
pero vivos en Cristo para Dios.
No reine ya el pecado en vuestro cuerpo
ni obedezcáis jamás su falsa voz.
No os prestéis más a las concupiscencias
como instrumentos de la iniquidad.
Presentaos a Dios en nueva vida,
rebozante de amor y santidad.

Si os sometéis a alguien como esclavos,
lo tendréis que servir y obedecer:
si al pecado, os pagará con muerte;
si a la obediencia, con un nuevo ser
que asiste con sus miembros la justicia.
Pero gracias a Dios que, siendo esclavos,
sin reserva acatasteis la doctrina
que alecciona a ser puros y ser bravos.

Todo aquello que os da vergüenza ahora
lo que produce es fruto peligroso.
Mas al que a Dios adora
la santificación le da su fruto
que nutre a todo el ser al cual gobierna.
La paga del pecado, eterna muerte;
la dádiva de Dios, la vida eterna
por medio de Jesús Nuestro Señor.

La esposa antes ligada a su marido
por ley de casamiento,
queda al fin libre para unirse a otro
si se halla sola por fallecimiento
de aquel con quien por ley estaba unida.
La ley es para el vivo;
para el que ha muerto ya no existe ley,
porque un muerto no puede ser cautivo.

Lo que yo mismo hago, no lo entiendo,
pues no hago lo que quiero.
Lo que aborrezco … eso es lo que hago.
Ya no soy yo quien obra.
Es que maniobra en mí el pecado fiero.
Lo que opera en mi carne es algo aciago,
pues quiero hacer lo bueno y no lo puedo:
¡lo contrario me sale!

La Ley de Dios deleita mi interior,
mas la ley de mis miembros se rebela
contra esa Ley de Dios,
y me lleva cautivo en su secuela.
¡Miserable de mí, que cargo un muerto!

La Ley de Dios yo sirvo con la mente;
mas la ley del pecado, con la carne.
¿Quién puede liberarme finalmente?

Gracias doy otra vez a Jesucristo
por quien ya no ando más según la carne,
porque en su Espíritu me muevo ahora.
Y ya no hay más condenación alguna
para quienquiera que a Jesús adora.
Por la Ley del Espíritu de Cristo,
de la ley de la carne me he librado
al aceptar por fe lo que ha provisto.

Lo que bajo la Ley era imposible
porque es débil la carne en su bajeza,
al enviar Dios a su Hijo en semejanza
de esta nuestra carnal naturaleza,
él en la carne condenó al pecado.
Se cumple así la Ley con su justicia
en nostros también
que ya somos por él espirituales,
siempre atraídos con más fuerza al bien.

Por cuanto se enemista aun con Dios,
la mente que es carnal no se sujeta
jamás a santa Ley.
Mas ahora tenéis más alta meta
si el Espíritu mora ya en vosotros:
vivificar al cuerpo ya bienquisto
que no complace más su propia carne,
sino al Espíritu de Jesucristo.

Si hacéis por el Espíritu que mueran
los instintos carnales,
por eso ya os tornáis hijos de Dios,
coherederos, por tanto, como tales
con Cristo para ser glorificados
juntamente con él.
Si compartís aquí de su pasión,
¿qué es eso ahora ante el honor aquél?

A los que aman a Dios, todas las cosas
les ayudan a bien aquí y ahora.
Si está Dios con nosotros,
ya no habrá circunstancia abrumadora.

El que no escatimó a su propio Hijo
que entregó por nosotros,
¿cómo no nos dará también con él
de sus inmensos dones muchos otros?

¿Quién acusa y condena a los llamados?
¿Jesús, el que murió y resucitó,
que a la diestra de Dios está sentado,
que es todo amor? ¡El, no!

Por nosotros, aboga su voz fuerte
ante el solio de Quien todo ha creado.
Por eso mismo sé que ni la muerte,
ni la vida, ni ángeles,
ni potestades, ni lo que es presente,
ni lo que es porvenir, ni lo más alto,
profundo o permanente
va a separarnos del Señor Dios Nuestro.

No hay diferencia entre judío o griego.
Un solo Dios es el Señor de todos.
Quienquiera invoque el nombre del Señor
será salvo por él de muchos modos.

Cómo invocar a quien no se ha creído
o creer si de él jamás se ha oído,
y cómo oir si nadie lo predica,
y cómo predicar sin ser enviado?

"¡Cuán hermosos, los pies de los que anuncian
la paz, las Buenas Nuevas!"
La fe es por el oir de la Palabra
de Dios, mas ¿no se ha visto quien la lleva?
"Por todo el mundo se oye ya su voz;
su Palabra, hasta fines de la tierra"
--dijo Isaías cuando habló de Dios--
¿En Israel se oyó?

Sigue Isaías muy resueltamente:
"Yo fui hallado de quienes no buscaban,
y a los que por mí no preguntaban
yo me manifesté;
pero extendí la mano todo el día
hacia el pueblo rebelde de Israel".
Con todo, Dios jamás lo ha desechado,
y hay multitud de hebreos siendo fiel.

Israel no alcanzó lo que buscaba:
"Se tornó su convite en trampa y red".
Entonces llamó Dios a los gentiles
que hoy, iguales, comparten su merced.

Digo esto como apóstol de gentiles
por si a celos provoco a los judíos
y se salvan algunos.
Sigue dándoles Dios libre albedrío.

Se desgajaron ramas
del tronco primitivo de Israel.
Entonces se injertaron los gentiles
nutridos con la misma savia y miel
de la vieja raíz.

No te jactes, gentil, contra las ramas;
no eres tú quien soporta la raíz:
por la raíz, a ellas te amalgamas.

Por su incredulidad, se desgajaron
los vástagos que ahora tú reemplazas.
Por fe, tú continúas injertado.

Jamás te ensoberbezcas si ves brasas
que consumen algún gajo resecado.
Si Dios no perdonó a los naturales,
tampoco a ti te habrá de condonar
si cometes también los mismos males.

Contempla la severidad de Dios
con quienes han caído como viste;
ve también su bondad para contigo.
Para evitar aquella poda triste,
permanece adherido con bondad
que si no, tú también serás cortado.

Si ellos creen también y se arrepienten,
volverán como ramas a tu lado.

Si a ti, siendo silvestre, te ha injertado,
¿cuánto más esas ramas naturales
hallarán hendidura en el patrón
que sostiene y que nutre con sus sales
las que crecen de ramas de algún bosque?
Porque "el Libertador vendrá de Sion
que de Jacob apartará impiedad".
He ahí un prenuncio de su salvación.

Os ruego, hermanos: presentad el cuerpo
a Dios en sacrificio vivo y santo,
que así es vuestro culto racional.
No os conforméis al mundo y sus encantos.
Transformaos por la renovación
de vuestro entendimiento, aún no plena.
Comprobaréis la voluntad de Dios,
que es agradable, y es perfecta, y buena.

Nadie tenga de sí mejor concepto
del que debe tener en realidad.
Conforme a la medida de la fe,
de sí piense en cordura y humildad.
Así como en el cuerpo hay muchos miembros
con función muy distinta cada uno,
nosotros que en Cristo un cuerpo somos,
no aspiremos a estar sobre ninguno.

Entre nosotros hay distintos dones
para hacer lo que es útil o es hermoso.
Use el talento propio cada cual
con fe, solicitud, largueza y gozo.

Que jamás el amor sea fingido.
Aborreced el mal; seguid el bien,
y amaos los unos a los otros.
Dad honra a los demás, doquiera estén.

No perezosos, si la diligencia
por vuestra salvación es requerida.
Recordad que el espíritu es la esencia
para servir a Dios siendo fervientes.
Vivid gozosos siempre en la esperanza.
Frente a tribulaciones, sed sufridos;
en la oración, constantes.
Con los pobres, partid vuestros surtidos
con hospitalidad.

A quienes os persiguen, bendecid,
y no los maldigáis ni cuando empeoran.
Gozaos de verdad con los que gozan;
llorad con los que lloran.
Sin altivez, buscad a los humildes.
En la propia opinión, no seáis sabios.
No paguéis mal por mal, ni con la mente,
las manos ni los labios.

Procurad lo que es bueno en las personas;
si os permiten, vivid en paz con todos.
De males, no os venguéis vosotros mismos:

dejad la ira a Dios; no tiréis lodos.
Si hambrea un enemigo, dadle pan;
si tiene sed, dadle también el agua.
No os dejéis vencer por lo que es malo,
mas venced con el bien; no arrojéis ascuas.

A las autoridades superiores,
acaten las personas donde estén.
El fin y la función del magistrado
no es infundir temor al que obra bien:
está para apresar al que hace el mal.
¿Te disgusta temer la autoridad?
Entonces, haz lo bueno nada más;
pero teme si vives en maldad.

No os portáis bien para evitar castigos
solamente; lo hacéis por la conciencia.
Por la misma razón pagáis impuestos:
son servidores los de toda agencia.

Pagad lo que debéis:
tributo, al que tributo ha negociado;
impuesto, al que dirige fines públicos;
respeto, al que respeto, por su estado,
y honra, al que honra, por ser digno.

A nadie debáis nada; amad al prójimo.
Cumple la Ley quien ama a los demás:
"Como a ti mismo, amarás al prójimo".
Esto resume "No adulterarás",
"No matarás"; también, "No hutarás",
como "No darás falso testimonio"

o cualquier otro de los Mandamientos
opuesto a tentaciones del demonio.

El amor no hace mal a nuestro prójimo;
por lo tanto, el amor cumple la Ley.
Como de día, honestamente andemos
vestidos con las armas de la luz:
ya no en glotonerías, borracheras,
lujurias, ni lascivias, ni contiendas,
ni envidias, que proveen a la carne.
Vestíos del Señor: ponedles riendas.

Recibid al que es débil en la fe,
no para debatir sobre opiniones,
creencias especiales o costumbres:
comer de todo, o nada más legumbres;
diferenciar un día y otro día
o ver todos los días como iguales.
Nadie vive inconexo para sí,
pues trascienden sus bienes y sus males.

Jesús, el que murió y resucitó,
Señor es de los muertos y los vivos.
Ante su tribunal, todos irán
a dar cuenta de acciones y motivos.
Mas el Reino de Dios
no es comida o bebida, sino paz
y santo gozo en el Espíritu
para avance de sí y de los demás.

Muy feliz es quien nunca se condena
por aprobar el descarrío ajeno.

Que los fuertes sostengan a los débiles
con apoyo de cuanto sea bueno,
sin tratar de de agradarse a sí primero.

Cristo nunca buscó su complacencia;
se sometió aún a vituperios
para darnos consuelo y más paciencia.

Por tanto, unos a otros recibíos
como Jesús a todos recibió:
de la circuncisión, Cristo fue siervo,
confirmando promesas a judíos
y la misericordia a los gentiles,
como anunció Isaías:
"Yo te confesaré entre los gentiles;
alegraos, gentiles, con su pueblo.
Por los gentiles, la raíz de Isaí
se habrá de levantar", y estos por miles
"esperarán en él".

Seguro estoy, hermanos míos, que,
ya llenos de saber y de bondad,
podéis amonestaros en la fe
los unos a los otros.
Mas con atrevimiento yo os escribo
acerca de la gracia que me es dada
de reunir a gentiles para Cristo.
Son ellos una ofrenda que le agrada.

Desde Jerusalén hasta el Ilírico,
del Evangelio pude dejar llena
la tierra en donde a Cristo aun no nombraban

para no edificar en base ajena.
Así ya estaba escrito:
"Los gentiles que no oyeron anunciarlo
ahora lo verán;
y los que nunca acerca de él oyeron
ahora entenderán".

Os recomiendo a nuestra hermana Febe,
diaconisa en la iglesia de Cencrea.
Saludad a Aquila y a Priscila
que entre gentiles y entre gente hebrea
su propia vida ellos por mí arriesgaron.
Hoy les damos las gracias,
yo, su consiervo, como las iglesias
que sirvieron con celo y eficacia.

Saludad a Epeneto, primer fruto
de Acaya para Cristo,
María, quien trabaja entre vosotros;
Andrónico y a Junias, mis parientes,
quienes antes que yo fueron de Cristo.

Amplias, Urbano, Estaquis y Apeles
y a todos en la casa de Aristóbulo.

Saludad a Herodión, que es mi pariente,
y a la casa de Narciso; a Trifena,
a Trifosa, a Pérsidas; y a Rufo
y a su madre, que es como madre mía.
Saludad a Asíncrito, Flegonte,
Hermas, Patrobas, Hermes y a los fieles

de la gente gentil y la judía;
a Filólogo, Julia, y a Nereo,
a Olimpas y a los santos que hay con ellos.
Saludaos los unos a los otros,
y os saludan también todos aquellos
que ahora son de Cristo con vosotros
en todas sus iglesias.

En quienes causan división y trampas,
que no os fijéis, hermanos, os suplico.
No es a Cristo a quien sirven,
sino a su propio vientre. De sus labios
brotan suaves palabras de lisonja,
buscando a ingenuos que los crean sabios.

Sed simples para el mal;
mas sabios para el bien.

Sea la gracia del Señor Jesús
con vosotros, de hoy por siempre. Amén.
Y al único que puede confirmaros
según el Evangelio, que revela
misterios por los siglos encubiertos:
al sabio y santo Dios, sea la gloria
mediante Jesucristo
que os guarda ya en la fe y os da victoria.

Esta es la carta escrita a los Romanos
por Pablo hace tres años en Corinto.
Por ella lo conocen sus hermanos
que lo asisten ahora en el resinto

que para él han alquilado en Roma.
Vive allí encadenado por dos años
a un soldado que muévese con él,
y oye lo que enseña a unos extraños.

Los juicios de Pablo en Roma

A su casa alquilada, al tercer día
convoca a los judíos y a su clero
para explicar por qué apeló él a César.
Vuelven y están con él un día entero
considerando anuncios
que del Mesías dieron los profetas.
Lo identifican con Jesús algunos;
mas otros, a su iglesia llaman "secta".

Como antes predicaba a multitudes
en sinagogas, plazas o una escuela,
desde su propia casa hace lo mismo:
las Buenas Nuevas de Jesús revela
con la elocuencia y el amor de siempre.
También escribe epístolas a iglesias
y amigos que ha dejado en sus tres giras
y a quienes entrañablemente aprecia.

Epístola a Filemón[40]

Un esclavo escapado de su amo
lo escucha en esa casa y se convierte.
Conoce Pablo al dueño del esclavo,
que es un discípulo muy fiel, por suerte.
Decide sugerir que se perdonen:
el siervo, a su señor por ser tirano;
el señor, al esclavo por huir,
pues en Cristo, los dos son hoy hermanos.

Onésimo es el nombre del esclavo;
Filemón es el dueño de aquel reo.
De su mano, le escribe esto el apóstol:
**Yo, Pablo, y el hermano Timoteo,
a Filemón, el colaborador,
a su esposa la amada hermana Apia,
y a la iglesia que a Dios sirve en su casa:
gracia y paz de Dios Padre y del Señor.
Por ti siempre doy gracias a mi Dios:
por el amor y por la fe tan grandes
que tienes por Jesús y por sus santos.
Nos da consolación saber que andes
como siempre, alentando corazones.**

**Aunque en Cristo tendría libertad
para mandarte algo que conviene,
vengo a pedirte, por amor, piedad.
Te ruego, siendo anciano y prisionero,
por un hijo que enjendré en prisiones:
por Onésimo, que antes te servía,
que me es útil en estas sujeciones
y que aún más útil te será otra vez.**

---

[40] Año 61 o 62.

Te lo devuelvo como un hombre nuevo.
Sin tu consentimiento, no me atrevo
a retenerlo aquí.

Quizá por eso se apartó de ti
Sólo hasta el presente.
Recíbelo de nuevo para siempre,
no ya como un esclavo solamente
mas como hermano amado.
Así ha llegado a ser ya para mí;
mas doble: por la carne y el Señor,
hermano es para ti.

Si me tienes aún por compañero,
recibe a Onésimo como a mí mismo.

Si por algo te debe,
ponlo todo a mi cuenta
que yo te saldaré su deuda en breve.
Si algún provecho he de obtener de ti,
confórtame con esto.
Confiado estoy que me dirás que sí.

Prepárame también alojamiento
porque espero, por vuestras oraciones,
que os seré concedido.
Saluda a Epafras, con quien en prisiones
por Cristo, fuimos ambos compañeros.
Firmamos: Marcos, Aristarco, Demas
y Lucas, hoy mis colaboradores
en estas horas de aflicción extremas.
La gracia del Señor Jesús y el bien
con vuestro espíritu sea siempre. Amén.

Epístola a los Colosenses[41]

Filemón, a quien Pablo manda a Onésimo,
dirige a los creyentes de Colosas[42]
que congréganse entonces en su casa.
Pequeña a la sazón está Colosas
alejada de rutas importantes,
y no la visitó el gran misionero.
Fue fundada la iglesia por Epafras,
convertido por Pablo allá en Efeso.
Con la carta a su amigo Filemón,
esta envió a los cristianos Colosenses:

A los santos y hermanos de Colosas:
Damos gracias a Dios porque convence
que da fruto en vosotros la Palabra,
que vuestra fe en Cristo Jesús avanza
y es grande vuestro amor hacia los santos,
en base al Evangelio y su esperanza.

De que el santo Evangelio entre vosotros
da fruto manifiesto
nos ha contado Epafras.

Desde que oímos esto,
no cesamos de orar porque seáis
muy llenos del poder espiritual
para andar como es digno del Señor,
apartados del mal.

---

[41] Año 62

[42] Ciudad de Frigia confederada con Laodicea y Hierápolis. Fue populosa y rica;
pero en los días de San Pablo ya no era importante, pues habían desviado una gran
ruta (de Efeso a Siria) que antes pasaba por ella.

Que os llene nuestro Dios de su poder
con longanimidad.

Así nos hace aptos
por su misericordia y su bondad
para obtener la herencia de los santos
cuando vuelva en su Reino su Hijo amado ...
Cristo es la imagen de su Padre eterno.
Po él, toda sustancia y toda vida
visible o invisible,
del Cielo y de la Tierra fue creada,
por su voz, de la nada.
Cristo preexiste todo lo que existe
desparramado por el universo ...
y que por él subsiste.

Del cuerpo de la iglesia es la cabeza
también Cristo Jesús.
Para reconciliar la Tierra al Cielo,
se entregó hasta la muerte en una cruz.
A vosotros también
os ha reconciliado, si en verdad
seguís fundados firmes en la fe,
creciendo en santidad.

Me gozo ahora en esto que padezco
por el cuerpo de Cristo, que es la iglesia,
de la cual él me ha hecho su ministro.
No impide mi presente peripecia
que os revele el misterio antes oculto
desde siglos y edades, y os alcanza

porque ha querido Dios mostrar su gloria
que en Cristo ya tenéis como esperanza.

Quisiera que sepáis cuanto me esfuerzo
por vosotros y los de Laodicea,
como por otros que jamás me vieron,
para que el corazón de todos sea
pletórico de amor y consolado;
y así tengan un pleno entendimiento
del misterio del Padre y de su Hijo
con sus tesoros de conocimiento
y la sabiduría.

Aunque estoy siempre ausente en este cuerpo,
en espíritu estoy como bien visto,
gozándome en el orden y firmeza
de vuestra fe madura en Jesucristo.
Tal cual lo recibisteis, siempre andad
arraigados, bien sobreedificados
y siempre confirmados en la fe,
con acciones de gracia y sin pecados.

Que no os engañe nadie
con meras tradiciones de los hombres
y sutilezas o filosofías
no según Cristo, sino en otros nombres.
Sepultados en él por el bautismo
como también, por fe, fuisteis por cierto
resucitados con poder igual
al que lo levantó después de muerto.

Estabais todos muertos
en pecados visibles o secretos,
mas os dio vida al perdonaros todo.
Con su cuerpo, en la cruz clavó decretos
que solo os condenaban
porque eran sombra de ese mismo cuerpo.

Por tanto, ni en comida, nueva luna,
ni en bebidas, que nunca os juzgue nadie,
ni en días de guardar ni fiesta alguna.

Si habéis resucitado así con Cristo,
solamente buscad cosas de arriba
donde él está sentado junto a Dios.
Ya no hay alternativa
con las cosas que pasan a la historia.
Vuestra vida, que con Cristo está escondida,
con él manifestada será en gloria
cuando él se manifieste.

En vosotros, que muera lo terreno:
fornicación, pasiones, vida impía,
toda impureza, con deseos malos,
y la avaricia, que es idolatría.
Anduvisteis en eso en otro tiempo.
Dejad también ahora mucho más:
ira, enojo, malicia y la blasfemia
que hacíais tiempo atrás.
Nunca os mintáis los unos a los otros.

De la persona antigua despojaos;
como santos de Dios, sus escogidos,

de la nueva poned propios vestidos:
el de misericordia, de humildad,
de mansedumbre; el de la paciencia,
con vínculo de amor: benignidad,
perdonando al que yerra.

Casadas, respetad a los maridos;
y maridos, amad a las esposas;
no les habléis con aspereza o ruidos.
Hijos, obedeced a vuestros padres.
Padres, no exasperéis a vuestros hijos.
Siervos, a vuestros amos terrenales
servid y obedeced temiendo a Dios.
Amos, sed con los siervos liberales,
pues un Amo común tenéis los dos.

Y cuanto hagáis, haced de corazón
como hecho al Señor, no como a hombres,
pues sirve a Cristo toda buena acción.
A quien obra injusticia,
le darán injusticia otros injustos.
Andad con los extraños sabiamente.

Dad, aun entre chascos y disgustos,
la palabra con sal, llena de gracia.

Todo acerca de mí, aun preso en Roma,
os dirán Tíquico mi fiel consiervo,
que con Onésimo, mi amado hermano,
a deciros mandé que me conservo
dando gracias y orando por vosotros.

Aristarco, también preso conmigo;
Marcos, a quien pedí que recibáis,
el sobrino de Bernabé mi amigo;
Jesús, llamado Justo, os saludan.
Os saludan también Demas y Lucas.
A los de Laodicea, saludad
y dadles a leer esta mi carta.
Leed la que escribí a los Laodicenses.[43]
Acordaos ahí de mis prisiones.
Que la gracia, sus dones os reparta.

---

[43] Esta carta de San Pablo a Laodicea se perdió, como otras aludidas en otras partes, como en Colosenses 4:16.

Epístola a los Filipenses

De Pablo y Timoteo, gracia y paz
a los santos en Cristo de Filipos
con todos sus obispos y sus diáconos:
Quien su obra en vosotros dio principios,
la perfeccionará hasta el día de Cristo.

Por vuestra comunión, de muchos modos
me gozo: ya sabéis, pues habéis visto
como en el corazón os tengo a todos.

En la confirmación del Evangelio,
participáis de gracia y de poder,
y abundad también
en el amor, la ciencia y el saber.
Que os halle irreprensibles
y aprobados en todo lo mejor,
con los frutos de justicia
para alabanza y gloria del Señor.

Sabed que mis prisiones[44]
redundan para el bien del Evangelio:

revelaron a Cristo en el Pretorio;
tiene más ánimo también por ello
para anunciar a Cristo
de entre nosotros un mayor puñado.
Saldré libre por vuestras oraciones,
seguro de no ser avergonzado.

---

[44] Escribió esto estando preso (1:7,13), pero no dice dónde. Se han sugerido Cesarea, Efeso, o Roma (primer encarcelamiento), lo más probable (año 62 ó 63).

Pero será manifestado Cristo
por este cuerpo, sea en vida o muerte.
Para mí, el vivir es Cristo … ,
mas ganancia es morir si es tal mi suerte.
No sé qué es lo mejor:
partir y estar con Cristo, para mí;
lo contrario: seguir en esta carne,
por vosotros aquí.

Sea que vaya a veros o esté ausente,
sed firmes en la fe.
Por tanto, si hay consolación en Cristo
y hay consuelo de amor, como lo sé,
si hay comunicación por el Espíritu,
si hay efecto entrañable
y si hay misericordia,
mi gozo completad: sentid lo mismo.

Nada hagáis por contienda o vanagloria;
más bien, por humildad,
no mirando primero a lo de uno,
sino también pensando en los demás.
Y esto es oportuno:
como Cristo Jesús, sentid también:
siendo en forma de Dios, no se aferraba
a esa igualdad para su propio bien.

Se despojó, por tanto, de sí mismo.
Tomó forma de siervo.
Bajó él hasta nosotros a este abismo,
aunque era Dios, el Creador, el Verbo.
Se sometió a la muerte,

pero a la muerte infame de una cruz;
y el nombre más excelso en Cielo y Tierra,
por eso es el nombre de Jesús.

Ocupaos de vuestra salvación
con temor y temblor,
porque tanto el querer como el hacer
los produce el Señor.

Sed, pues, irreprensibles y sencillos
hijos de Dios, sin manchas,
resplandeciendo con divinos brillos
en medio de generación perversa.

Los que a Dios en espíritu servimos
nos gloriamos en Cristo, a quien se adora.
Lo que era de ganancia para mí
lo considero pérdida yo ahora.
Por Cristo, dejé todo;
mas eso que se ha ido era basura,
despreciable bajeza, pequeñez.
Lo que hallé en Jesucristo está en la altura.

No que lo haya alcanzado y sea perfecto,
sino que prosigo para ver si alcanzo
aquello por lo cual me alcanzó Cristo.
Mantengo esta actitud ya sin descanso:
considero que todo lo de atrás
perdido se ha quedado en noche prieta;
me extiendo solamente hacia adelante
para alanzar mi meta.

Haced también lo mismo
con igual regla e idénticos anhelos;
sintámonos ahora
ya como ciudadanos de los Cielos.
De allá retornará el Señor Jesús
que nuestra humillación esta de lodo
transformará como a su propia gloria
con el poder con que sujeta todo.

Regocijaos siempre en el Señor.
No viváis afanosos y en disgusto.
Buscad lo verdadero:
solo lo honesto, lo que es puro y justo,
solo lo que es amable,
si es de buen nombre, con virtud alguna,
si es digno de alabanza y es confiable,
que el Dios de paz habitará en vosotros.

Me brindasteis solícito cuidado
y generoso aumento,
no porque tenga yo escasez ahora,
pues por todo aprendí el contentamiento.

Vivir sé en abundancia y en pobreza,
saciado siempre o estar a diente a veces.
Todo lo puedo en Cristo
que en cada situación me fortalece.

Al principio de la predicación,
me ayudasteis aun en Tesalónica
con vuestras donaciones espontáneas
de esplendidez muy fraternal y armónica.

Que sigáis prosperando:
que os supla Dios de todo cuanto os falta
conforme a las riquezas de su gloria
mediante Cristo a quien exalta.

A los santos en Cristo saludad,
y a mis salutaciones os aúno
las de hermanos que ahora están conmigo:
de la casa de César son algunos.

Epístola a los Efesios[45]

De Pablo, apóstol aún de Jesucristo
por voluntad de Dios
a santos que son fieles en Efeso:
Bendito sea Dios
que nos predestinó a ser hijos suyos
por puro afecto de su voluntad
desde antes de fundar El este mundo,
y nos dotó de espiritualidad.

Tenemos redención mediante el Hijo
conforme a las riquezas de su gracia
que hizo sobreabundar para nosotros
en su sabiduría y eficacia.
Llegado el cumplimiento de los tiempos,
nos reveló también hasta el misterio,
según su beneplácito,
de su divina voluntad e imperio.

Nunca ceso de orar
porque, sin vanagloria,
podáis discernir cuál es la esperanza
y cuáles las riquezas de su gloria,

y cuál la inmensidad de su poder
que obró resucitando de los muertos
a Cristo, quien se sienta hoy a su diestra
y es aun la cabeza de la iglesia.

---

[45] Escrita desde una cárcel (3:1; 4:1; 6:20); tal vez, Roma, al mismo tiempo en que escribió las epístolas a Filemón, a los Colosenses y a los Filipenses (alrededor del año 62).

Fue él quien os dio vida
cuando muertos estabais en pecados
al imitar al mundo
conforme a Satanás y sus dictados.
Antes, todos vivimos de este modo:
perdidos tras deseos de la carne
y pensamientos bajos, sobre todo,
siguiendo a los demás.

Por gracia, sin obras ni destino,
sois salvos por la fe,
porque la redención es don divino.
Vivían todos sin saber por qué
los gentiles al no tener a Cristo:
sin esperanza e inciertos al extremo,
sin saber de los pactos
entre la humanidad y el Ser Supremo.

Ahora, en Cristo, los que estabais lejos,
por su sangre os habéis hecho cercanos.
Derribó la pared que separaba
para hacer que ambos pueblos sean hermanos.
Abolió mandamientos de ordenanzas
y son esos dos pueblos uno solo,
reconciliados ambos con su Dios
hasta el final y desde polo a polo.

Anunció Buenas Nuevas
a los de cerca igual que a los de lejos:
a unos y a otros dio la misma entrada.
Ya no hay advenedizos ni extranjeros:
todos los santos son conciudadanos.

Para ser de su Espíritu el asiento,
nos convirtió en su templo
del cual se hizo a sí mismo el fundamento.

Por eso estoy aquí:
por haber revelado un gran misterio
que acerca de vosotros recibí:
que los gentiles sois coherederos,

partícipes también de la promesa
que nunca fue exclusiva a los primeros
a quienes Dios la dio.

A mí, el más pequeño de los santos,
me fue dada la gracia
de dar el Evangelio a los gentiles.
Por eso, yo de hinojos pido al Padre
que podáis comprender cuanta es la anchura,
cuanta profundidad,
y longitud, y altura
tiene el amor de Cristo.

Porque sois los objetos de ese amor,
que excede hasta el mayor conocimiento,
tendréis también la plenitud de Dios.
Todos sus dones son de tal portento
que hasta superan lo que le pedimos
o que podamos entender siquiera.
Con poder tal, actúa él en nosotros
como en el universo por doquiera.

Os ruego que andéis siempre como es digno
de vuestra vocación, con los demás
solícitos buscando la unidad
en vínculo de paz:
un Espíritu, un cuerpo, una esperanza,
un Señor, una fe, un baütismo
y un Padre, el Dios de todos,
que estará siempre en todos, y por todos.

Dios instituye a pastores y profetas,
maestros y doctores, con intento
de que juntos lleguemos a esta meta:
la unidad de la fe y conocimiento
del que es Hijo de Dios.
Así no fluctuaremos como niños
arrastrados por vientos de doctrinas
incorrectas y siempre en desaliños.

La pasada manera de vivir
dejad al despojar al hombre viejo
viciado por deseos engañosos.

Seguid este consejo:
renovad el espíritu y la mente;
hablad solo verdad;
airaos sin pecar contra la gente,
y no se ponga el sol sobre el enojo.

Si alguien hurtaba, que no hurte más,
sino trabaje con sus propias manos
y corra a socorrer a los demás.
No habléis palabra corrompida alguna.

Decid lo que edifique y que dé gracia.
Quitad enojos, ira y amargura,
maledicencia, gritos y malicia.
Sed benignos los unos con los otros.

Fornicación, impurezas y codicia
ni se nombre siquiera;
ni deshonestidades, truhanerías,
ni necedades, sino acción de gracia.
Para el que es fornicario: que es inmundo
que corre tras licencias
corruptoras de hijos de este mundo,
con Cristo no hay herencias.

Que no os engañen más
los que son hijos de desobediencia,
ni seáis copartícipes con ellos.
En otro tiempo, bajo su influencia,
fuisteis también tinieblas,
mas ahora sois luz en el Señor.
Como hijos de luz,
despejad las tinieblas en redor.

Cuidaos como andéis;
ya no más como necios: como sabios.
No os embriaguéis con vino
que saca insensatez de vuestros labios.
Que se sujete siempre a su marido
la que ya no es doncella,
como la iglesia se somete a Cristo,
quien se entregó por ella.

Como a su propio cuerpo,
debe el marido amar a su mujer.
Y quien ama a la esposa de ese modo,
llega así a valorar su propio ser.

Por eso a sus dos padres deja el hombre
para unirse a la esposa.
No es de extrañar que este misterio asombre,
pues a sí mismo nadie se aborrece.

Hijos, obedeced a vuestros padres
en el Señor, que es simplemente justo.
El primer mandamiento con promesa
dice: "Honra a tu padre y a tu madre".
Oíd esto los padres:
no provoquéis a ira a vuestros hijos.
Criadlos con esmero en disciplina,
mas sin negar respeto o regocijos.

Siervos, obedeced a vuestros amos
con toda sencillez de corazón.
Sabed que el bien que cada cual hiciere,
si es siervo o libre, lo premiará el Señor.
Amos, con vuestros siervos de igual modo
dejad las amenazas, pues comparten
con vosotros el Dios que llamáis vuestro,
quien no os da honra aparte.

Id, pues, con la armadura
de Dios para hacer frente al enemigo.
No es con carne y sangre
la recia lid, con riesgos de castigo.

Es contra principados, potestades
tenebrosas del mundo:
contra la hueste espiritual maligna
de Satán, engañoso y furibundo.

Ceñíos de verdad,
con la fuerte coraza de justicia.
Con apresto de paz, cubrid los pies.
Para afrontar asaltos de malicia,
salid con el escudo de la fe,
la espada del Espíritu de Dios
y el yelmo protector de salvación.
Si vais de Cristo en pos,
segura es la victoria en toda acción.

Pablo ante Nerón

La realidad de Roma es espantosa.
Nerón, que tiene apenas treinta años,
se hizo emperador con diecisiete;
teniendo veintidós, mató a su madre,
y es unególatra muy paranoico.
De los Juegos Olímpicos en Grecia
vuelve lleno de premios como atleta.
Lo adula mucha gente falsa o necia.

A poemas que escribe pasaderos
pone música y canta al populacho.
Cultiva la pintura y labra estatuas,
representa papeles en los teatros
y sale disfrazado por las calles
con otros truhanes a buscar placeres,
para entrar en tabernas y burdeles,
insultar a mujeres
y robar mercancías en las tiendas.

Ese es el juez que va a juzgar a Pablo.
Cuando lo escucha al fin de su defensa,
sorpréndese Nerón de su elocuencia
que a veces es poesía muy intensa,
porque tiene el poder de lo divino.
Lo respeta Nerón mientras lo mira.
Lo deja, por lo tanto, en libertad.
Y el viajero incansable hace otra gira.

Ultima gira y más Epístolas[46]

¿Por fin ahora llegará hasta España,
lo cual planeaba antes de ir a Roma?[47]
Sin duda estuvo en Creta y en Mileto,
en Efeso, Corinto y en Filipos.
Mucho viajó por la provincia de Asia,
e invernó muy al norte, allá en Nicópolis.
Son años muy prolíficos en cartas
que envía a sus discípulos e iglesias.

---

[46] Entre los años 63 y 67
[47] Romanos 15: 24,28

Instrucciones a pastores

Tras confirmar iglesias,
instruye con esmero por escrito
a los obispos y pastores jóvenes
a quienes llama hijos, como a Tito,
Filemón, Timoteo y muchos otros.
Cada pastor tendrá esta distinción:[48]

Irreprensible, con hogar modelo,
sin rebeldía ni disolución.
No es soberbio, ni iracundo; no ama el vino,
ni es pendenciero, codicioso o torpe.
Hospedador y amante de lo bueno,
es sobrio, justo y santo.
También es siempre dueño de sí mismo,
retenedor de la palabra fiel
para exhortar con enseñanza sana
y convencer hasta cualquier nivel.

Abundan contumaces
que engañan siempre hablando vanidades;
sobre todo, la circuncisión.
Es preciso taparles con verdades
la boca que trastorna a muchas casas,

buscando hasta ganancias deshonestas
con fábulas judaicas
y reglas mal compuestas.

Tienen mente y conciencia pervertidas.
Profesan ser devotos,
mas lo niegan con hechos y caídas.

---

[48] En base a la Epístola a Tito, una de la epístolas pastorales.

¡Si son abominables y rebeldes,
"reprobados en cuanto a buena obra"!
Los ancianos sean serios, de conciencia,
prudentes y muy firmes en la fe,
en amor y en paciencia.

En todo, siempre, por sus buenas obras,
que el pastor se presente como ejemplo;
en su enseñanza, íntegro, muy serio,
con palabras muy dignas en el templo.
Como la gracia, ha de enseñar a todos
a renunciar a estímulos mundanos
y así ser sobrios, santos y piadosos.
Su guía y reprensión de toda especie
debe darlas con tal autoridad
que se respete, y nadie menosprecie.

Di que acaten a las autoridades,
que no difamen gente ni costumbre;
no sean pendencieros, sino amables,
mostrando mansedumbre.
También nosotros fuimos insensatos,
rebeldes, extraviados y hasta esclavos
de las concupiscencias y arrebatos
de deleites, malicias y de envidias,
odiándonos los unos a los otros.

Mas la bondad de Dios Nuestro Señor
nos salvó con su gran misericordia,
no por vivir nosotros en justicia,
sino sin paz, sumidos en discordia.
Por su gracia, nos hizo así herederos

de la esperanza de la vida eterna.
Insiste con firmeza en buenas obras
y evita lo que a santos no concierna.

Cuestiones necias de genealogías,
la ley y otros debates siempre vanos
evita porque a nadie dan provecho.

Quien cause divisiones entre hermanos
deséchalo, si lo has amonestado
e insiste en cometer ese delito.

Esto escribe a su "hijo verdadero",
discípulo y amigo, el gentil Tito.
Lo invita para que antes del invierno
se reúna en Nicópolis con él,
después de organizar el buen gobierno
de la iglesia de Creta, fuerte y fiel.

Primera Epístola a Timoteo[49]

Te rogué que quedases en Efeso
para impedir que gente disoluta
predicase doctrinas diferentes,
sin fin genealogías en disputa,
más fábulas que a nadie benefician.
De la buena conciencia y de la fe,
se van quienes presumen ser doctores
de la ley. Averígualo por qué.

No entienden lo que afirman con disgusto.
Sabemos esto: que la ley es buena,
mas no se promulgó para el que es justo.
Se la dio para impíos, pecadores … :
para cuanto se oponga a la doctrina
del glorioso Evangelio que predico.
Y gracias doy por la visión divina
con que Cristo me dio este ministerio.

Yo fui perseguidor y fui blasfemo
por mi incredulidad y mi ignorancia,
por lo cual alcancé misericordia.
Que tenga esta palabra resonancia:

Cristo vino a salvar a pecadores
de quienes fui el primero.
Si Jesucristo en mí mostró clemencia,
fue como ejemplo para el mundo entero.

Que se hagan rogativas
y hasta acciones de gracia por los reyes
y gente en eminencia

---

[49] En Macedonia (?) en el año 67.

para estar amparados por sus leyes
y vivamos en paz
con piedad y honradez, porque esto es bueno.
También agrada a Dios, quien quiere a todos
salvados en su Reino.

Si alguno aspira al obispado un día,
que tenga de esta obra exacta idea;
sepa que todo obispo,
irreprensible, sea
marido fiel de una mujer no más,
sobrio, prudente, decoroso e idóneo
para enseñar y gobernar su casa.
Si no goza de este alto testimonio,
¿cómo guiará a la iglesia?

No puede ser neófito aún,
pues puede envanecerse alguna vez.
Los diácomos serán
honestos, sin doblez,
no dados mucho al vino, sin codicia,
con una sola esposa y buenos hijos,
con la conciencia limpia y mucha fe.
Primero, estén a prueba; después, fijos.

Esto quiero que sepas:
como en la iglesia habrás de comportarte,
que es la casa de Dios,
de la verdad baluarte.
El misterio está allí de la piedad:
se reveló el Señor aquí en la carne;
en Espíritu, fue justificado;

los ángeles lo vieron; y a gentiles,
predicado y creído por el mundo.
Por fin, fue arriba recibido en gloria.

Si esto enseñas a todos los hermanos,
buen ministro serás de Jesucristo,
nutrido de la fe y buena doctrina.

Desecha fábulas --de nuevo insisto--
y ejercítate siempre en la piedad.
Tu juventud, no tenga nadie en poco,
mas sé ejemplo en palabra y en conducta,
amor, espíritu, pureza y fe.

Ocúpate en leer, en exhortar
y en enseñar, sin descuidar el don
que recibiste por el presbiterio.
Practica esto, que es tu vocación.
Ten cuidado de ti y de la doctrina.
Te salvarás así, y a otros también.
Con los demás, son estos tus deberes
para aprovechamiento y para el bien:

Nunca reprendas al que ya es anciano;
más bien, exhórtalo como a tu padre.
A los jóvenes, trata como a hermanos;
a las ancianas, como a otras madres;
a las doncellas, puro, como a hermanas.
Honra a las viudas que en verdad lo son;
que se han quedado solas,
sirviendo a Dios de todo corazón.

La que busca placeres,
viviendo, está como si fuera muerta.
Que se casen las viudas que son jóvenes,
críen hijos detrás de honrada puerta,
que gobiernen bien sus nuevas casas
y eviten imprudencia.
No dan así ocasión al adversario
ni a la maledicencia.

Contra un anciano, siempre con testigos
admitirás cualquier acusación.
A los otros que insistan en pecar
repréndelos en la congregación
para que así escarmienten los demás.
Te encarezco ante Dios y Jesucristo
que apliques estas normas sin prejuicio,
con imparcialidad, todo bien visto.

Con liviandad, no ordenes nunca a nadie
ni compartas jamás faltas ajenas.
Ciertos pecados se descubren pronto;
y los que suelen producir más penas
se los descubre cuando se hace juicio.

Del mismo modo es con las buenas obras;
no quedan todas para siempre ocultas:
de su abundancia se reparten sobras.

Hay gran ganancia en la piedad contenta
porque nada trajimos a este mundo;
y al dejarlo, con nada nos iremos.
Es este pensamiento muy profundo:

si tenemos sustento y buen abrigo,
¿por qué no mantener contentamiento?
Los que aspiran a ingentes capitales
aprenden que el amor ciego al dinero
suele ser la raíz de muchos males.

Mas huye tu de eso.
Sigue tras la justicia y la piedad,
tras fe, amor, paciencia,
mansedumbre y la luz de la verdad.
Pelea la batalla de la fe;
acata el mandamiento
mientras aguardas que el Señor retorne
cumpliendo su glorioso advenimiento.

A los ricos en cosas de este mundo,
mándales que no sean más altivos
ni basen en riquezas su esperanza
porque todas son inciertas. Hay motivos
para confiar en Dios:
él es quien nos da todo y nos gobierna.
Enséñales a ser muy generosos
y atesoren así la vida eterna.

Ultimo apresamiento de Pablo[50]

Recrudece la gran persecución
con el más inhumano vilipendio
que desencadenó Claudio Nerón
después que a Roma destruyó un incendio.

De ello lo acusaba el populacho
que vio arder casi todo en nueve días,
enterró a miles de parientes
y vio deambular ya sin hogares
a cientos de millares por las vías.

Abrió los pocos edificios públicos
que no se consumieron
para probar así que era inocente,
y con carpas llenó el Campo de Marte.
Después, alimentó a toda la gente.
Culpó de aquella quema a los cristianos,
el principal de quienes era Pablo.
Desde ¿Nicópolis, Efeso o Troas?
lo llevan en cadenas para Roma.

No habrá casa alquilada para el.
No lo va a defender ningún tribuno.
Unos pocos amigos pueden verlo,
aunque no hay esta vez recurso alguno.

Cuando se encuentra solo en una celda,
recuerda para santo regocijo
muchas iglesias que fundó, y amigos.
Le escribe a uno de ellos, como a un hijo:

---

[50] Año 68.

Segunda Epístola a Timoteo[51]

Pablo, a Timoteo, amado hijo:
sin cesar, día y noche oro por ti.
Me acuerdo de tu no fingida fe,
como en tu madre Eunice siempre vi
tras el ejemplo de tu abuela Loida.
Que avives aún más tu propio fuego
(porque no nos da Dios la timidez),
como tu padre espiritual, te ruego.

No te avergüence nunca el testimonio
que des de Cristo o hasta de mí su preso.
Participa también en aflicciones
por ser siervo de Dios, porque por eso
tendrás poder de Aquel que nos llamó.
Por ser su apóstol, cargo esas cadenas,
mas sé muy bien en Quien siempre he creído.
Estoy seguro de sus gracias plenas.

Me dejaron Figelo y hasta Hermógenes,
mas no se avergonzó de mis cadenas
Onesíforo cuando estuvo en Roma.
Vino aquí a confortarme por mis penas,
como ayudó también allá en Efeso.

Cuando junte a los justos aquel día,
concédale el Señor misericordia,
con su familia y su feligresía.

Esfuérzate, hijo mío.
Lo que de mí has oído ante testigos,
di a fieles que lo enseñen.

---

[51] Escrita en Roma, en el 68.

Si escasean los amigos,
sufre entonces aun penalidades.
No se enreda en negocios quien milita,
ni obtienen los atletas la corona
sin luchar por su meta favorita.
Sin trabajo, tampoco habrá persona
que recoja gran fruto de la tierra.

Aunque padezco, que los escogidos
obtengan gloria eterna.
Palabra fiel es ésta; presta oídos:
reinaremos con él, si padecemos;
también él será fiel si somos fieles.
Ofrécete aprobado
como obrero de Dios, que en tus papeles
usa bien la Palabra de verdad.

Palabrería evita.
Supera las pasiones juveniles.
Sigue justicia, paz y amor con todos.
Cuestiones insensatas y sutiles
desecha, pues son necias y a contiendas
incita a los que son ya contenciosos.
Un siervo del Señor es siempre amable
que fomenta los santos alborozos.

Corrige al que se opone
por si Dios le concede su poder
para escapar a los lazos del demonio
del cual puede ser siervo sin saber.
Habrá muchos peligros
--te anuncio en advertencia--

con hombres amadores de sí mismos
que tienen de piedad solo apariencia.

Recuerda mi doctrina,
persiste en lo que bien te ha persuadido
desde niño al leer las Escrituras.

Apartarán algunos el oído
de la verdad para seguir tras fábulas,
mas tú sé sobrio, y que Dios te asista
al ser su fiel ministro,
pastor y evangelista.

Ven antes del invierno
porque Demas me ha desamparado.
Crecente fue a Galacia
y Lucas solamente está conmigo,
pues Tito, a predicar, se fue a Dalmacia.
A Tíquico lo envié hace poco a Efeso.
Trae a Marcos contigo.
El mismo caldelero aquel de Efeso,
Alejandro, me ha hecho muchos males.

Mis libros y el capote trae contigo.
Ningún amigo estuvo aquí a mi lado
(mas no se tome en cuenta)
en mi defensa ante el primer jurado.
El Señor me dio fuerzas
y pude allí cumplir con mi misión
de dar el Evangelio a los gentiles.
Me libró de la boca del león.

Por fin, estoy para ser sacrificado.
Mi partida ya está cercana ahora.
Peleé la buena lid. Ya he acabado
mi carrera. Siempre guardé la fe.
Me espera la corona de justicia
que me dará el Señor, que es justo juez,
como a cuantos esperan su venida
con fe y con avidez.

Por fin, calla su voz

El principal teólogo cristiano
ya ha explicado su última lección;
el eximio orador y evangelista
ya ha predicado su postrer sermón.
Dejó bien claro que la fe y la gracia
superan a las obras de la ley.
En Siria, Palestina, Europa y Asia,
multirracial formaba cada grey.

No le espera la honra de una cruz
igual a la de Cristo su Señor
porque, de nacimiento, él es romano.
Con la sublimidad de su valor
que no arredró ante nada,
va a culminar allí su apostolado.
Relumbrará su gloria, no la espada,
al ser decapitado.

Extracto de la Primera Epistola A Los Corintios[52]

Entre vosotros hay contiendas graves,
pues dicen unos: "Soy de Pablo" --he oído--
"Soy de Apolos" ... "De Cefas", "Soy de Cristo".
¿Está el Señor acaso dividido?
¿Crucificóse a Pablo por vosotros
o fuisteis en su nombre bautizados?
No sé si he bautizado a muchos otros
fuera de Crispo, Gayo y los Estéfanas.

A bautizar no me ha mandado Cristo.
Me ha enviado a predicar el Evangelio,
no con sabiduría de palabras
que parezca su cruz vana con ello.
Sabéis que estaba escrito:
"Destruiré el saber de muchos sabios,
desecharé a entendidos".
¿Dónde está el sabio, dónde está el escriba;
dónde el disputador más iracundo?
¿No ha enloquecido Dios
lo que es sabiduría de este mundo?

¿Es por sabiduría que este siglo
a Dios ha conocido, por ventura?

No! Le agradó salvar a los creyentes
por esto que el gentil llama locura:
por la predicación.
Los judíos reclaman más señales
y los griegos, mayor sabiduría.

---

[52] Escrita en Efeso en la primavera del año 57.

Predicamos, a ambos como iguales,
sólo a Cristo Jesús crucificado.

A los llamados, griegos o judíos,
que no son poderosos, nobles, sabios,
Cristo les da poder.
Con lo necio, avergüenza lo que es sabio;
con lo débil, humilla a lo que es fuerte.
Lo que no es, deshace lo que es.
Para que al fin nadie se jacte,
cuanto es del mundo, pone del revés.

A vosotros, que estáis ahora en Cristo,
os da sabiduría,
justificación y redención.
Gloríese en él quien se gloría.
Cuando fui a predicar entre vosotros,
no saber me propuse cosa alguna

sino a Cristo Jesús crucificado,
quien ahora os eleva y os aúna.

Mis palabras no fueron persuasivas
porque exhibieran gran saber humano:
demostraban poder del Santo Espíritu.
Por eso, en nada vano
se fundó vuestra fe.
Los que alcanzasteis ya la madurez
sabéis más que los príncipes del siglo:
los misterios de eterna validez.

Como estaba ya escrito de antemano,
cosas que ojo no vio ni oído oyó
ni han llenado el corazón humano
son las cosas que Dios ha preparado
para quienes le aman.
Si Dios hubiera estado en su memoria,
los príncipes del pueblo de Israel
no habrían condenado al Rey de Gloria.

Nunca percibe el hombre natural
las cosas del Espíritu de Dios.

Para él, son locuras,
y continúa en pos
de sus trivialidades.
Las entiende quien es espiritual,
porque espiritualmente se disciernen
de modo correctísimo y cabal.

Cuando os hallé, erais aún carnales,
y os di tan sólo leche:
no podíais aún digerir vianda.
Lógico es hoy también que se sospeche
de que no sois capaces todavía
porque hay celos, contienda y disensión
entre vosotros como antaño había.

Decís que sois de Pablo o sois de Apolos.
¿Quién es, pues, Pablo, y ¿quién es Apolos?
De Cristo, servidores,
instrumentos, no más: son sembradores.
Planté yo la semilla

que Apolos la regó como en familia.
La dejamos al sol, la lluvia, el viento,
mas Dios fue quien les dio su crecimiento.

No es alquien ni el que siembra ni el que riega.
De Dios es la labranza, quien la siega.

Por la gracia de Dios, yo fui arquitecto
que puso el fundamento;
le tocó a otro edificar encima.
Cada cual edifica en su momento,
pero mire muy bien como edifica.
No existe otro cimiento que el ya puesto
muy bien, que es Jesucristo.
Sobre él tan solo se construye el resto.

Se puede edificar con oro o plata,
piedras preciosas, heno u hojarasca.
Probará la labor de cada obrero,
mucho fuego alentado por borrasca.
¿Sabéis que sois el templo
donde mora el Espíritu de Dios?
En ese templo santo
se ha de escuchar su voz.

Si alguno se cree sabio,
pues tórnese ignorante.

Dios prende a muchos sabios en su astucia
cuando a lo vano llaman importante.
No hay gloria en ningún hombre,
sea Pablo, sea Apolos, sea Cefas;

ni en el mundo, la vida, ni en la muerte,
ni en el presente del que hoy se aleja,
ni en el futuro del que espera suerte.

Como siervos de Dios, administramos
los misterios de Dios.
Si en la santa misión no somos fieles,
nos juzgará sin tribunal humano.
No juzguéis a destiempo.
Solo el Señor aclarará lo arcano,
revelará lo oculto en las tinieblas,
declarará intenciones.

Pues ha exhibido Dios a los apóstoles
postreros, como a muerte condenados.
Aun somos espectáculos al mundo,
a ángeles, a hombres: despreciados.

Nosotros, por amor de Cristo, somos
insensatos; vosotros, los prudentes;
nosotros, débiles; vosotros, fuertes
todos y honorables.

Pasamos hambre y sed,
y sin morada fija.
Trabajamos con nuestras propias manos
siempre en labor prolija.
Cuando alguien nos maldice, bendecimos;
si nos persiguen, soportamos todo;
y rogamos por quienes nos difaman.

No falta quien nos trate de este modo:
como escoria o desecho.

No es para avergonzaros que esto escribo.
Es para amonestar a hijos amados,
pues en Cristo Jesús os engendré
mediante su Evangelio.
Como si ahí yo nunca más volviera,
se envanecen algunos con palabras,
mas el Reino de Dios es mucho más:
la gloria que se espera.

Os envié por eso a Timoteo.
Luego iré yo, si Dios me da el favor.
Decidme qué queréis. ¿Iré con vara
o suavidad y amor?
Se oye que hay ahí fornicación,
¡y peor fornicación que entre gentiles!
Uno tiene a la esposa de su padre,
y retenéis aún a esos dos viles.

¡Y estáis envanecidos!
Más bien, eso es causa de lamento.
No hay razón de jactancia.
¿No sabéis qué poder tiene el fermento
de poca levadura en mucha masa?
Tan repulsiva acción
se corte sin tardar de entre vosotros.
Me uno también en su condenación.

Que no os juntéis ya más con fornicarios,
idólatras, avaros y ladrones

os he escrito por carta.[53]
No os hablaba del mundo en rebeliones,
pues del mundo tendríais que salir.

Os escribí de quien se dice hermano
mas se comporta mal
y es un tropiezo para el que es pagano.

A los de afuera, Dios los juzgará,
¿mas no juzgáis acaso a los de adentro?
Quitad, pues, al perverso
ni fomentéis con él ningún encuentro.
Si algo tiene un hermano contra otro,
¿le hace juicio ante injustos o ante santos?
Bien sabéis que juzgarán al mundo
los justos al final de estos espantos.

Un día juzgaréis también a ángeles.
¿Por qué hoy no pequeñeces de la vida?
¿No hay nadie entre vosotros
que tome contra el mal justa medida?
Entre vosotros se comete agravio,
y agravios entre hermanos.
No heredarán el Reino los injustos,
ni adamados, ni adúlteros, ni vanos.

Aunque todas las cosas me son lícitas,
no todas me convienen.
No dejaré a ninguna que me envicie,
no solo por salud y por higiene:
las viandas para el vientre

---

[53] Alguno de sus escritos perdidos, como su epístola a Laodicea

y el vientre para viandas;
mas no para el pecado es nuestro cuerpo:
para suplir del vicio las demandas.

Para el Señor es todo nuestro cuerpo,
y también para el cuerpo es el Señor.
¿No sabéis que es un miembro nuestro cuerpo
también del Redentor?
Y mis miembros, así de Jesucristo,
¿he de quitar y dar a una ramera?
¿Aún ignoráis que quien se une con ella
forma un cuerpo de dos, de esa manera?

Quien se une al Señor
se convierte en espíritu con él.
Fuera del cuerpo están muchos pecados;
mas clientes del burdel
violan y pecan contra el propio cuerpo.

¿Aun ignoráis que el cuerpo que hacéis diestro
del Espíritu Santo es sacro templo,
que lo debéis a Dios, y que no es vuestro?

Habéis sido comprados por gran precio.
Glorificad a Dios en vuestro cuerpo
y espíritu, los cuales son de Dios.
Prevenid el pecado ese tan recio:
que tenga cada hombre su mujer
y que cada mujer tenga marido
si cumple cada cual,
la mujer e igualmente su marido,
su deber conyugal.

171

Renuncia la mujer a potestad
del cuerpo en beneficio del marido;
le consagra el cuerpo a su mujer
también el que le ha dado su apellido.
No os neguéis uno a otro,
si no es por breve tiempo nada más,
buscando algún sosiego para orar:
no os tiente Satanás.

Esto es propia opinión:
mandamiento no es que se nos dio.
A solteros y a viudas
es muy bueno quedarse como yo,
mas si les falta el don de continencia,
el casarse es mejor que andar quemando.
A quienes se han unido en matrimonio,
les ordena el Señor; yo no les mando:

Que la mujer no deje a su marido;
si se ha de separar, piense en volver,
se reconcilie o quede sin casarse.
No abandone el marido a la mujer.
¿No es creyente la esposa de un hermano?
Por esa causa, no la deje nunca.
Si hay hermana casada con incrédulo,
no lo abandone con promesa trunca.

A su marido ateo santifica
la mujer que es piadosa donde está;
y el marido piadoso, a su mujer.

Mas si el cónyuge incrédulo se va,
que acepte el abandono el que es cristiano:
ya no está en servidumbre
la hermana o el hermano,
puesto que a paz nos ha llamado Dios.

Mas cada cual, como el Señor le guíe,
proceda de manera diferente:
por caminos extraños, de mil modos,
salva Dios a la gente.
¿Quién sabe si no salva a su mujer
el marido que calla ante el careo,
ni cómo salvará la que es piadosa,
a su marido que es ateo?

¿Fue llamado por Dios un circunciso?
Quede circuncidado.
Por ventura, ¿era otro incircunciso
cuando aceptó al Señor al ser llamado?
Que no se circuncide. No es preciso,
pues la circuncisión no vale nada,
ni la incircuncisión.
Cada cual en su estado, a Dios agrada.

¿Fuiste llamado siendo aún esclavo?
Si puedes liberarte, trata más,
pues en Cristo ya eres un liberto.
Si eres libre, de Cristo ya serás
fiel esclavo al saber que te compró.

Acerca de las vírgenes,
no tengo mandamiento del Señor

mas doy mi parecer: que si se casan
no pecan; mas si no, mucho mejor.
La doncella se ocupa de ser santa
de espíritu y de cuerpo;
la casada dedícase al marido
con cosas de este mundo y con su cuerpo.

La mujer que se casa está ligada
por vínculos legales al marido
tan solamente mientras éste viva;
si muere, su deber queda cumplido.
Para casarse, está de nuevo libre.

En cuanto a sacrificios a los ídolos
y a las viandas en su honor,
no más digo que el ídolo no es nada.
Solamente hay un Dios, el Creador
de todo cuanto vemos.
Ninguna vianda nos va a hacer aceptos
si la comemos o no la comemos,
por ni guardar ni quebrantar preceptos.

Si la comemos o si la dejamos,
no vamos a ser más; tampoco, menos.
Mas para los que ignoran todo eso
y siguen habituados a fetiches,
que nuestra libertad no sea tropiezo.
Si la comida hace caer a alguno,
no probaré la vianda;
me quedaré en ayuno.

¿No he visto a Cristo el Señor Nuestro?
¿No soy su apóstol? ¿No me dio poder?
Mi obra en él, ¿no sois vosotros mismos?
¿No tenemos derecho de comer
y llevar con nosotros a una hermana
como Cefas y otros por mujer …
como hacen los hermanos del Señor?

¿O los únicos, yo y Bernabé,
no tenemos derecho
a vivir sin ganarnos el sustento?
Nunca obtenemos personal provecho.
¿Quién ha sido soldado a sus expensas?
¿Quién planta viña sin comer su fruto?
¿Quién apacienta sin probar la leche?
La escasez, ¿es acaso un atributo
de santa vocación?

En la ley de Moisés esto está escrito:
"Bozal no has de poner al buey que trilla".
¿Dice esto de los bueyes o nosotros?
Aunque juntamos ya mucha gavilla,
no usamos el derecho
por amor a la obra.
Mejor es predicar el Evangelio
si nada se recibe ni se cobra.

Jamás me he aprovechado,
ni escribo esto porque busque paga.
Morir prefiero antes
que perder esta gloria que me halaga.

Por deber es que predico el Evangelio,
y ¡ay de mí si dejara de anunciarlo!
¿Cuál es mi galardón aquí por ello?
Es predicar gratuitamente a Cristo.

Por eso, siendo libre yo de todos,
de todos me he hecho siervo
para ganar así a muchos más.
La condición de todos siempre observo:
a judíos, me hago yo judío
para ganar judíos.
A los que están sujetos a la ley,
como sujeto a ella
para también reunirlos en la grey.

A los que están sin ley,
como si yo estuviera sin la ley.
Al débil, me hago débil
para llevar a Cristo a muchos débiles.
A todos yo me adapto
para que, de entre todos, salve a algunos.
Por bien del Evangelio hago todo esto:
no sea que, habiendo sido heraldo,
Jesús no me halle presto.

Hermanos, no ignoréis que nuestros padres
bajo nube cruzaron el desierto,
pasaron por el mar,
para ellos abierto,
comieron del maná
y bebieron de la Roca espiritual.
Y la Roca era Cristo,
que es siempre inagotable manantial.

Mas ofendió a Dios la mayoría
que, postrada, quedó por el desierto.
Todo eso ha sucedido, y es ejemplo
que sirve de escarmiento.
No busquemos lo malo, como ellos;
no seamos idólatras.
No forniquemos, como ellos fornicaron,
ni tentemos a Dios ni murmuremos,
como ellos murmuraron.

El que piensa estar firme, que no caiga.
No os ha sobrevenido tentación
mayor de la que vence el ser humano
que acepta la salida
que para resistirla Dios le da.

No todo lo que es lícito conviene,
ni aun del propio modo:
por ser lícito sólo no edifica.
Para gloria de Dios, decidid todo.

Nadie busque primero el propio bien,
sino igualmente el bien de los demás.
Nos os tornéis en tropiezo a los judíos,
ni a gentiles, ni a miembros de la iglesia.

Sed como yo, que en todo agrado a todos,
sin nunca procurar mi beneficio.
Por eso que habéis visto,
me podéis imitar
en cuanto yo en mi vida imito a Cristo.

La Cena del Señor

Me reveló el Señor esto que enseño:
la misma noche cuando fue entregado,
Jesús partió del pan.
Habiendo dado gracias, apenado,
mientras partía, dijo así: "Tomad,
esto es mi cuerpo, el cual veréis muy presto
partido por vosotros.
En memoria de mí haced, pues, esto".

Asimismo tomó también la copa
después de haber cenado.
"Esta copa es el pacto nuevo --dijo--
en mi sangre. Haced esto también
en memoria de mí cuando bebiereis.
Cada vez que comiereis este pan
y una vez más bebiereis esta copa,
la muerte del Señor
anunciáis de nuevo hasta que él venga.

"Quien comiere de este pan indignamente
y así también bebiere de esta copa,
de la muerte y la sangre del Señor
será culpable agente.

Por tanto, todos pruébense primero.
Del pan y de la copa, solamente
participe el sincero.
Pero el que come y bebe
sin discernir el cuerpo del Señor,
es propio juicio lo que come y bebe".

Los Dones Espirituales

Abundan en la iglesia grandes dones,
y su diversidad
proviene del Espíritu de Dios
que a cada uno da su facultad.
Habéis visto distintos ministerios
y mucha variedad de operaciones,
mas manifiestan siempre al mismo Espíritu
que obra sin falta en todas ocasiones.

A uno le da el don de sanidades;
a otro, las palabras de prudencia;
a aquellos, el poder de hacer milagros;
a algunos, don de lenguas
o gran discernimiento.
Así como en el cuerpo hay muchos miembros,
en la iglesia hay distintos elementos.

No hay cuerpo alguno con un solo miembro.
Si el pie dijera: "Porque no soy mano,
no soy del cuerpo", ¿él andaría solo?
Si la oreja dijera: "no soy ojo;
por tanto, no del cuerpo", ¿quién oiría?

No puede esto decir la mano al ojo:
"Yo no te necesito",
ni la cabeza, ignorar los pies.

Hay miembros que parecen los más débiles
y son más necesarios.
A los que se reputan menos dignos,
solemos darles muchos más vestuarios.

Si hay algún miembro que padece de algo,
le sirven los demás de gran sostén.
Si alguno es el objeto de una honra,
con él se gozan los demás también.
Sois el cuerpo de Cristo
y es miembro de él cada persona.
Puso en la iglesia, a unos como apóstoles;
a otros, de profetas perfecciona,
maestros, obradores de milagros,
los que administran o los que hablan lenguas.
No todos son apóstoles, profetas,
maestros, milagreros, poliglotas …
Oíd qué cualidades son perfectas:

La importancia del amor

Si yo hablara el idioma de los ángeles
mas no tuviera amor, amor sagrado,
como metal, no haría mas que ruido:
sería un címbalo desafinado.
Si yo tuviera el don de profecía
para entender misterio y toda ciencia,
si tuviera la fe que mueve montes,
sin serlo por amor, ¡qué ineficiencia!

Si entre pobres partiera mi fortuna,
si arrojara mi cuerpo en una hoguera …
todo eso sin amor,
ni mi intención valdría.
El amor es sufrido y es benigno;
no envidia, no se jacta ni envanece;
no es indecoroso, no se irrita.
Su proceder es digno.

No se goza jamás de la injusticia;
proclama la verdad.
Todo sufre, soporta, espera, cree:
nunca deja de ser,

aunque pueda acabarse lo demás:
las mismas profecías y las lenguas,
la ciencia y lo que en parte conocemos
ante lo que es Perfecto.

Siendo niño, yo hablaba como niño,
pues pensaba y jugaba como niño.
Cambié al hacerme hombre.
Vemos hoy como imágenes de espejos;

después, hemos de ver ya cara a cara.
Si hoy apenas sabemos una parte,
la realidad será algún día clara.
Hoy la fe, la esperanza y el amor
es lo que permanece.
De los tres, lo más grande es el amor.

Estado de los muertos

Lo de más importancia que he enseñado
tal cual lo recibí,
es que Cristo murió por los pecados,
y lo repito aquí:
según las Escrituras, sepultado
y alzado del sepulcro al tercer día.
Le apareció primero a Simón Pedro;
los demás, ven su tumba ya vacía.

Todos juntos, al fin lo ven los doce;
después, más de quinientos.
De estos, unos duermen. Otros viven
recordando su vida y sus portentos.
Lo ven también Jacobo
y todos los apóstoles de nuevo.
Me apareció a mí
para encargarme esta misión que llevo.

¡A mí también!, menor de los apóstoles,
al menos digno de llamarse apóstol,
pues perseguí a su iglesia.

Por la gracia de Dios soy lo que soy
y sus prenuncios han salido ciertos:
lo he predicado y muchos han creído.
Ya que Cristo se alzó de entre los muertos,
¿cómo gritan algunos con gran ruido
que no hay resurrección?

Si no hay resurrección de los que mueren,
entonces Cristo no resucitó.
Si no resucitó,

nuestra predicación es toda vana;
vana es también la fe,
y es falso quien se llame su testigo.
Si es así, os condenan los pecados
a eterna perdición como castigo.

Entonces se han perdido para siempre
los santos que durmieron en la fe.
Si para esta vida solamente
es la esperanza en Cristo, luego ¿por qué
no somos los más dignos de piedad
de nuestros semejantes?
Mas El resucitó.
Serán sus redivivos abundantes.

Así como la muerte entró en el mundo
por el pecado de aquel hombre, Adán,
por la resurrección de otro hombre, Cristo,
los que mueren en él revivirán:
por uno mueren; mas el otro salva.
La enemiga que tendrá peor suerte,
por siempre eliminada,
será la misma muerte.

Si los que mueren nunca resucitan,
¡comamos y bebamos! ¿Por qué no
si de cierto mañana moriremos?
Mas ya sabéis que sí resucitó.
Los muertos, ¿cómo están?
¿De qué modo padrán resucitar?
¿Con qué cuerpo saldrán?"

Lo que sembramos no se vivifica
si no se muere antes.
Lo que sale no es lo que sembramos.
Nuestras semillas nunca son gigantes
como las plantas que, según su género,
proyectan sombra luego,
porque Dios es quien les da su cuerpo.

Si las destruye el fuego;
revivirán si se pudren en la tierra.

Pues la resurrección es algo así.
Se siembra corrupción:
saldrán incorrupción, gloria y poder.
Se entierra lo carnal,
mas va a resucitar lo espiritual
en cuerpos para siempre demudados.
He aquí os digo un misterio:
no todos dormiremos,
mas vamos a ser todos transformados.

En un momento, en un abrir de ojos,
a la final trompeta,
los justos que hayan muerto
verán su salvación por fin completa
al ser resucitados, y a los vivos
ver transformados por la misma acción.
Todo esto corruptible
se vista así de plena incorrupción.

Cuando esto corruptible sea incorrupto,
cuando esto que es mortal

se recubra de la inmortalidad,
va a cumplirse este fallo contra el mal:
Sorbida es la muerte con victoria.
¿En dónde está, oh muerte, tu aguijón?
¿Qué se hizo, sepulcro, de tu gloria?
El aguijón de muerte es el pecado
sobre el cual el Señor nos da victoria.

Printed in the United States
By Bookmasters